INHALT

Die Blumen in diesem Buch sind nach Blütenfarbe geordnet. Vergleiche die Bilder und erkenne den richtigen Steckbrief. Blumen mit roten, blauen und grünen Blüten findest du vor der hinteren Klappe dieses Buchs.

Rote Blütenfarbe

Ursula Stichmann-Marny

Was blüht denn da?

85 HEIMISCHE BLUMEN

KOSMOS

Impressum

Mit Illustrationen von: Marianne Golte-Bechtle/Kosmos: S. 6 l.u. und r.m. (Wiesen-Glockenblume), 13, 14, 15, 16, 17, 20 r., 21, 37 li, 38, 40, 45, 44, 45, 50, 48, 51, 52 o.r., 61, 64, 67, 71 (beide), 80, 81 (Habitus), 82, 83 (beide), 90, 91, 56, 59, 62, 63, 66, 68, 72, 73, 77 l., 87 li, 93 m., 94 o.r. (Ehrenpreis), 94 u.l. und u.r., 95 o.l. und u.m., 97 m.r. (Sauerampfer), 98 beide, 99 u.r., 100 alle, 103 o.r. und u.l. und u.m. (Giersch) und u.r., 105 o.r., 106 u.m. und u.r., 107 o.l., 108 u.l.; Sigrid Haag/Kosmos: S. 5 u.r., 42, 89, 103 u.m. (Margerite), 104 o.l. und o.r., 106 u.l., 107 o.m. und o.r.; Gerhard Kohnle: S. 99 o.r., 107 u.r.; Milada Krautmann: S. 49 u.r., 96 alle, 97 o., u.l. und u.r., 104 u.l., 105 m.l. und u.r.; Wolfgang Lang: S. 92; Dr. Rita Lüder: S. 5 m.o und m.u., 6 l.o., l.m. und r.o., 18, 21 l., 23, 25, 27, 29, 30, 31, 33, 34, 41, 43, 44, 54, 58, 65, 75, 76, 86, 87 re, 93 l., 95 o.r. und u.r., 97 m.l. (Waldmeister) und m.m. (Sauerklee), 99 m.r. (Taubnessel), 108 o.l. und m.r., 109 u.l.; Kadie Schmidt-Hackenberg: S. 5 o.l. und u.l., 6 r.u. und r.m. (Enzian), 10, 11, 12, 21 r., 22, 24, 26, 28, 32, 39, 46, 47, 53, 55, 57, 60, 69, 84, 74, 78, 79, 90, 85, 88, 93 r., 95 o.m. und u.l., 109 o.l. und o.r. und u.r.; Roland Spohn/Kosmos: S. 81 (Blüte), S. 20 l., 37 re, 49 u.l., 58 l., 70, 77 r., 94 o.r. (Scharbockskraut).

Mit Farbfotos von: ArjaKo's/Shutterstock.com: S. 82; Dr. Heiko Bellmann: S. 72; blende40/Fotolia.com: S. 89; Martina Berg/Fotolia.com: S. 70, 73; Reinhold Brezovszky/Fotolia.com: S. 61; butterfly-photos.org: S. 83; dabjola/Fotolia.com: S. 63; Martin Fowler/Shutterstock.com: S. 51; Gartenschatz/Kosmos: S. 40; Frank Hecker/Kosmos: S. 91; Frank Hecker/Naturfoto Hecker: S. 8, 14, 19 l., 21, 42, 64, 71, 99; Inc/shutterstock.com: S. 102; kostrez/Fotolia.com: S. 13; Hans E. Laux: S. 12, 15, 30; Alfred Limbrunner: S. 9 (Enzian); S. 84; Dr. Rita Lüder: S. 23, 32, 38, 43, 68, 68, 85, 88; Ruud Morijn/Fotolia.com: S. 19 r.; oroch/Shutterstock.com: S. 67; Manfred Pforr: S. 46, 57, 60, 74; Dr. Eckart Pott: S. 69; Frieder Sauer/Frank Hecker: S. 50, 53; scaners3d/Shutterstock.com: S. 48; Helen Sortiriadis/stocksy.com: S. 2/3; Patrik Stedrak/Fotolia.com: S. 81; Juris Sturainis/shutterstock.com: S. 9 (Lupe); tinadefortunata/Fotolia.com: S. 36; tmass/Fotolia.com: S. 80; Stefanie Tommes/Kosmos: S. 9; Reinhard Tierfoto: S. 11, 22, 40, 65, 86; Klaus Wagner: S. 10; Vera Kuttelvaserova/Fotolia.com: S. 52; Wolfgang Willner: S.2/3; womue/Fotolia.com: S. 17.

Mit 15 schwarz-weißen Schema-Zeichnungen von Wolfgang Lang.

Mit zwei Symbolen von Torsten und Carsten Odenthal, Köln (Landschaft, Größensymbol) und einem Symbol von Ekkehard Drechsel (Blüte).

Umschlaggestaltung von Gramisci Editorial Design, Cornelia Sekulin, München unter Verwendung einer Fotografie von Johner Images/ Gettyimages (Margerite) und eines Fotos von HUANG Zheng/ Shutterstock (Mohnblume).

Klappengestaltung von Gramisci Editorial Design, Cornelia Sekulin, München unter Verwendung folgender Illustrationen: Marianne Golte-Bechtle: Blumenaufbau, Vogelwicke, Wiesen-Schaumkraut, Knoblauchsrauke, Stinkender Storchschnabel, Giersch, Schöllkraut; Wolfgang Lang: s/w-Zeichnungen; Dr. Rita Lüder: Taubnessel, Salbei, Wegwarte, Kamille, Wilde Möhre, Klatschmohn; Kadie Schmidt-Hackenberg: Weißklee, Raps, Margerite, Sonnenblume, Weidenröschen.

Unser gesamtes lieferbares Programm und viele weitere Informationen zu unseren Büchern, Spielen, Experimentierkästen, DVDs, Autoren und Aktivitäten findest du unter **kosmos.de**

Gedruckt auf chlorfrei gebleichtem Papier

© 2017, Franckh-Kosmos Verlags-GmbH & Co. KG, Stuttgart
Alle Rechte vorbehalten
ISBN: 978-3-440-15250-8
Redaktion: Franka Nickel
Text: Ursula Stichmann-Marny, überarbeitet von Dr. Heike Herrmann
Gestaltungskonzept: Britta Petermeyer
Satz: Walter Typografie & Grafik GmbH
Produktion: Verena Schmynec
Druck und Bindung: Printer Trento
Printed in Italy / Imprimé en Italie

Vorsicht Fuchsbandwurm!

In Gegenden, in denen der Fuchsbandwurm weit verbreitet ist, muss vor dem Verzehr von Pflanzen und Früchten besonders in Bodennähe gewarnt werden. Es besteht die Gefahr, dass Eier des Fuchsbandwurms an den Pflanzen haften und dann mit aufgenommen werden. Eine schleichende, lebensbedrohliche Krankheit ist die Folge. Durch Waschen kann man die Eier nicht hundertprozentig entfernen. Eine Temperatur von 70° Celsius oder mehr tötet sie allerdings innerhalb weniger Minuten ab. Einfrieren schadet ihnen dagegen nicht. Beim Trocknen sterben die Eier in etwa einer Woche.

Haftungsausschluss:
Alle Angaben in diesem Buch erfolgen nach bestem Wissen und Gewissen. Sorgfalt bei der Umsetzung ist indes dennoch geboten. Der Verlag und der Autor übernehmen keinerlei Haftung für Personen-, Sach- oder Vermögensschäden, die aus der Anwendung der vorgestellten Materialien und Methoden entstehen können.

Der Verlag hat versucht, alle Urheber ausfindig zu machen. Sollten Sie Urheber verwendeter Bilder sein, jedoch nicht im Bildquellenverzeichnis stehen, wenden Sie sich bitte an den Verlag.

Inhalt

Hallo, liebe Blumenfreundin und lieber Blumenfreund!

In diesem Buch werden dir 82 häufige, einheimische Blumen vorgestellt. Du findest sie auf Wiesen, auf Feldern, im Wald oder in der Stadt. Nur wenige – wie Enzian und Wiesen-Salbei – wachsen lediglich in bestimmten Landschaften wie zum Beispiel im Gebirge. Manche Blüten sind so klein, dass du ganz genau hinschauen musst, um sie zu entdecken. Andere fallen dir schon aus der Ferne auf.

Bestimmen leicht gemacht

Die jeweilige **Farbe** am oberen Rand jeder Seite hilft dir bei der Suche nach den verschiedenen Pflanzen. Sie sind nach **Blütenfarben** in folgende fünf Kapitel eingeordnet:

Gelbe Blütenfarbe

Weiße Blütenfarbe

Blaue oder violette Blütenfarbe

Rote oder rosa Blütenfarbe

Grüne oder unscheinbare Blütenfarbe

Zusätzlich zu den Symbolen findest du Beispiele für die unterschiedlichen Blütenfarben.

Außerdem findest du auf jeder Seite folgende Zeichen:

 Der Text neben dieser **Landschaft** verrät dir, wo du am besten nach der Pflanze suchst. Wächst sie eher im Wald oder auf der Wiese, kommt sie sehr häufig vor oder ist sie eher selten?

Damit du auf einen Blick abschätzen kannst, wie groß die Pflanze ist, findest du vor der **Größenangabe** in Zentimetern oder Metern ein Zeichen, das dir sagt, ob die Pflanze klein, mittelgroß oder groß ist:

Dieses Zeichen bedeutet, dass die Blume bis zu ca. 20 cm groß wird. Ein Gänseblümchen ist zum Beispiel etwa 15 cm groß, deshalb steht bei ihm dieses Zeichen.

Siehst du dieses Zeichen, weißt du, dass die Blume etwa 20 bis 65 cm groß wird. Mit seinen bis maximal 50 cm fällt der Löwenzahn in diese Kategorie.

Dieses Zeichen steht vor großen Pflanzen, die über 65 cm groß werden. Eine Sonnenblume mit ihren bis zu 3 m gehört zu den großen Blumen.

Die **farbige Leiste** ganz unten auf der Seite zeigt dir auf einen Blick, in welchen Monaten die Pflanze blüht. Der Rote Fingerhut blüht zum Beispiel von Juni bis August, deshalb sind auf der Seite des Roten Fingerhuts diese Monate farblich markiert.

Die große **Illustration** zeigt dir, wie die Pflanze aussieht. Auf ihre wichtigsten Merkmale weisen kleine Striche mit Erklärungen hin. Am leichtesten ist es, die Art mithilfe der Abbildung zu bestimmen. Allerdings zeigt das Bild nicht die tatsächliche Größe der Pflanze – diese steht unten auf der Seite beim Größensymbol.
Zusätzliche Zeichnungen und Fotos geben dir weitere Hilfen und zeigen Besonderheiten.

Die hellblauen **Wichtig zu wissen!**-Kästen verraten dir interessante Zusatzinfos über die Pflanzen. Die grünen **Schau genau!**- und die gelben **Mach mit!**-Kästen geben dir Tipps zum Bestimmen und Selbermachen. In den orangefarbenen **Erstaunlich!**-Kästen findest du verblüffendes Detailwissen oder Rekorde.

Der **Totenkopf** ☠ und die **Finger weg!**-Kästen warnen dich vor sehr giftigen Pflanzen, die du auf gar keinen Fall in den Mund nehmen darfst oder berühren solltest. Hast du eine dieser Pflanzen angefasst, wasch dir auf jeden Fall die Hände. Diese Warnhinweise solltest du unbedingt beachten!

Vorsicht!

Generell gilt: Wild wachsende Pflanzen oder Pflanzenteile niemals in den Mund nehmen oder gar essen! Denn viele Pflanzen, selbst wenn sie in diesem Buch kein Totenkopfsymbol tragen, sind ungenießbar oder leicht giftig. Manche Früchte oder Pflanzenteile kann man essen. Vorher solltest du die Pflanze aber immer einem Erwachsenen zeigen, der sich damit gut auskennt, und deine Eltern um Erlaubnis fragen.

All die schönen Blüten

Das Schönste und Auffälligste an Blumen sind die Blüten. Sie locken Insekten an, die leckeren Nektar bekommen und den Blütenstaub von Blüte zu Blüte tragen. So sorgen die Tiere dafür, dass die Blüten bestäubt werden und sich Samen entwickeln können. Aus den Samen wachsen dann neue Pflanzen. Die Blüten können sehr unterschiedlich sein: Beispielsweise bestehen Sonnenblumen nicht aus einer großen, sondern aus vielen kleinen Einzelblüten. Alle Blüten zusammen stehen in einem sogenannten **Blütenstand**.

Beim Huflattich nennt man den Blütenstand „Körbchen".

Und außerdem ...

Du willst nicht nur bestimmen, sondern auch Tipps bekommen, was du alles Spannendes rund ums Thema Pflanzen **selbst erleben** kannst? Dann schau

dir die Seiten 76 bis 91 an. Hier erfährst du beispielsweise, wie du eine eigene Pflanzensammlung anlegst oder einen hübschen Blumenstrauß binden kannst. Außerdem findest du dort **weitere Infos** über Blumen, ihre Pflanzenfamilien oder wie man ein Bestimmungsbuch verwendet.

Die großen gelben Blüten der Sonnenblumen strahlen im Spätsommer mit dir um die Wette.

Raus in die Natur!

Nur wenige der hier genannten Blumen stehen unter Naturschutz. Die Enzian-Arten gehören dazu. Für sie gilt: „Anschauen immer, **abpflücken nie!**" In gekennzeichneten Naturschutzgebieten sind die Tiere und Pflanzen geschützt. Hier darfst du auch keine Pflanzen abpflücken.

Stängelloser Enzian

Um Pflanzen bestimmen zu können, brauchst du außer diesem Buch nicht viel. Vielleicht nimmst du noch eine Lupe mit, um dir einige Merkmale genauer ansehen zu können. Und wenn du dir etwas notieren möchtest, brauchst du natürlich noch Stift und Papier. Nun aber raus in die Natur und viel Spaß beim Bestimmen und selbst Erleben!

☠ Das Busch-Windröschen

Wenn der Winter vorbei ist und die Wälder noch kahl sind, öffnen sich die weißen Blütensterne der Busch-Windröschen. Oft bilden sie dann am Waldboden ein großes Blütenmeer, das sich leicht im Frühlingswind wiegt. Achte mal auf die grünen Blätter: Sie wachsen immer zu dritt an einer Stelle des Stängels.

Es gehen immer drei Laubblätter vom gleichen Punkt am Stängel ab.

Du findest das Busch-Windröschen, das man auch Anemone nennt, in Laubwäldern, Gebüschen, aber auch auf Wiesen in den Bergen.

Wurzelstock

Finger weg!

Wie viele früh blühende Blumen ist auch das Busch-Windröschen giftig. So schützt es sich im noch blattlosen Wald vor hungrigen Mäulern. Auch du solltest die Pflanze daher nicht pflücken. Übrigens: Das Blümchen besitzt eine eigene Vorratskammer mit eingelagerten Nährstoffen, den unterirdischen „Wurzelstock".

Das Busch-Windröschen wird 5 bis 25 cm hoch.

Das Busch-Windröschen blüht von März bis Mai.

| Jan | Feb | Mär | Apr | Mai | Jun | Jul | Aug | Sep | Okt | Nov | Dez |

Die Weiße Seerose

Ihre weißen Blüten haben einen Durchmesser von 15 cm. Damit sind sie die größten Blüten unserer heimischen Blumen. Die grünen, fast kreisrunden Blätter wachsen an einem Stängel, der bis an den Gewässerboden reicht.

Die Weiße Seerose wächst in Weihern und Teichen, aber auch in langsam fließenden Flüssen und Bächen. Die Seerose ist selten und deshalb eine geschützte Pflanze.

Erstaunlich!

Die Weiße Seerose hat ungewöhnliche Schwimmblätter: Sie sind fest und biegsam zugleich und außerdem mit einer Schicht aus Wachs überzogen. Das ist ein guter Schutz gegen Sonnenbrand und starke Wellen. Die Blätter sind so stabil, dass sich Frösche darauf ausruhen können, ohne unterzugehen. Die Spaltöffnungen, mit denen die Pflanze atmet, befinden sich auf der oberen Blattseite. Klar: Die Unterseite liegt ja auf dem Wasser.

Schwimmblatt

Die Blüte öffnet sich.

Die Weiße Seerose reicht mit ihrem Stängel bis zu 3 m tief ins Wasser.

Die Weiße Seerose blüht von Mai bis September.

| Jan | Feb | Mär | Apr | Mai | Jun | Jul | Aug | Sep | Okt | Nov | Dez |

Die Wald-Erdbeere

Die Wald-Erdbeere ist die „wilde" Verwandte der Garten-Erdbeere. Ihre Früchte sind viel kleiner, schmecken aber sehr lecker! Die Blüte besteht aus fünf weißen Blütenblättern. Die grünen Teilblätter sitzen immer zu dritt an einem Stängel.

Mach mit!

Es macht Spaß, Wald-Erdbeeren zu sammeln. Sie gehören zu den leckersten Wildfrüchten, weil sie viel Zucker enthalten. Nachdem du sie gründlich gewaschen hast, kannst du Eis und Süßspeisen damit verzieren und sie natürlich auch pur essen.

Blütenblatt

Wald-Erdbeer-Frucht

Drei Teilblätter bilden ein Laubblatt.

Meistens findest du die Wald-Erdbeere auf Lichtungen in Laubwäldern und an Waldrändern. Die Böschungen an Waldwegen sind ebenfalls gute Fundorte.

Die Wald-Erdbeere wird 5 bis 20 cm hoch.

Die Wald-Erdbeere blüht von Mai bis Juni.

| Jan | Feb | Mär | Apr | Mai | Jun | Jul | Aug | Sep | Okt | Nov | Dez |

Das Echte Mädesüß

Wenn es blüht, duftet das Echte Mädesüß süßlich. So kannst du es leicht entdecken. Jeder Blütenstand der weißen Blüten bildet eine Art Trichter. Die dunkelgrünen Blätter haben deutliche Adern und wenn du auf die Unterseite blickst, erkennst du einen weißen Flaum.

Erstaunlich!

Das Mädesüß ist eine alte Heilpflanze. Es enthält einen Inhaltsstoff, der mit dem Arzneistoff Acetylsalicylsäure verwandt ist. Bei einer Erkältung kann ein Mädesüß-Tee helfen. Er wirkt fiebersenkend und hemmt Entzündungen.

viele Staubblätter

rötlicher Stängel

Das Mädesüß wächst an Bachläufen, Wassergräben, im Ufergebüsch und auf nassen Wiesen. Es fühlt sich sogar im Gebirge bis etwa 1300 m Höhe wohl. Am liebsten sind ihm nasse, nährstoffreiche Böden.

Mach mit!

Reibe Blüten oder Blätter und feuchte sie an. Riechst du es? Der zu Beginn süßliche Duft verändert sich. Was du jetzt wahrnimmst ist der Geruch des Inhaltsstoffes Salicylsäure.

Das Echte Mädesüß wird 50 bis 150 cm hoch.

Das Echte Mädesüß blüht von Juni bis August.

| Jan | Feb | Mär | Apr | Mai | Jun | Jul | Aug | Sep | Okt | Nov | Dez |

Das Wiesen-Labkraut

An den oft am Boden liegenden, verzweigten Stielen bilden sechs bis neun Blätter einen Kreis. Sie fühlen sich ledrig an und haben ein spitzes Ende. Die Blüte ähnelt der des Waldmeisters und beide Pflanzen sind auch miteinander verwandt.

Nebenast

Blätter am Rand häufig umgerollt

Das Wiesen-Labkraut findest du an Wiesen-, Wald und Gebüschrändern. Es ist sehr verbreitet und liebt nährstoffreichen Boden.

Stiel 4-kantig

Erstaunlich!

Die Pflanze hat ihren Namen von einem ihrer Inhaltsstoffe, dem Lab. Lab braucht man zur Käseherstellung und früher wurde das Labkraut auch dazu verwendet. Heute wird Lab meist künstlich im Labor hergestellt.

Das Wiesen-Labkraut wird 25 bis 100 cm hoch.

Das Wiesen-Labkraut blüht von Mai bis September.

| Jan | Feb | Mär | Apr | Mai | Jun | Jul | Aug | Sep | Okt | Nov | De |

Der Waldmeister

An den unverzweigten Stielen des Waldmeisters bilden jeweils sechs bis acht schmale Blätter einen Kreis. Die winzigen Blüten an der Spitze des Stiels haben vier Blütenblättchen. Sie sehen aus wie ein weißes Kreuzchen.

Mach mit!

Mit frischen Waldmeisterpflanzen kannst du eine leckere Bowle machen: Pflücke sie dazu, bevor sie blühen. Hänge drei Stängel gewaschenen Waldmeister in ein Bowlegefäß. In das Gefäß schüttest du einen Liter Apfelsaft und gibst 150 g Zucker oder Honig hinzu. Das Ganze sollte kurz im Kühlschrank ziehen. Dann entfernst du die Stängel und gießt einen Liter Mineralwasser dazu, fertig! Du darfst aber nicht zu viel Bowle trinken – dann verursachen einige Inhaltsstoffe Kopfschmerzen.

Ein Kreis besteht aus sechs bis acht Blättchen.

Die Kreise sind in Etagen angeordnet.

Waldmeister findest du meistens in Laubwäldern, vor allem unter Buchen auf kalkreichem Boden. Die Pflanzen bedecken den Waldboden wie ein großer grüner Teppich.

Der Waldmeister wird 5 bis 25 cm hoch.

Der Waldmeister blüht von April bis Mai.

Jan | Feb | Mär | Apr | Mai | Jun | Jul | Aug | Sep | Okt | Nov | Dez

Das Hirtentäschelkraut

Blüte

Die Früchte des Hirtentäschelkrauts sind auffälliger als die winzigen Blüten. Sie stehen wie herzförmige Täschchen fast waagerecht vom Stängel ab. Die Laubblätter befinden sich in einer **Rosette** unmittelbar am Boden. Das Hirtentäschelkraut hat keinen festen Blührhythmus. Daher kannst du – außer bei Eis und Schnee – immer irgendwo blühende Pflanzen entdecken.

Frucht (Schötchen)

Das Hirtentäschelkraut findest du in vielen Gärten und auf Äckern sowie überall dort, wo es nur spärlich begrünte, aber nährstoffreiche Böden gibt.

Mach mit!

Die Früchte haben Ähnlichkeit mit einer Hirtentasche. Du kannst mit der Pflanze ein „Schellenbäumchen" machen: Dazu ziehst du die Schötchen etwas herab und klimperst damit.

Laubblatt

Das Hirtentäschelkraut wird 20 bis 40 cm hoch.

Das Hirtentäschelkraut blüht von Februar bis November.

Jan	Feb	Mär	Apr	Mai	Jun	Jul	Aug	Sep	Okt	Nov	De

Die Knoblauchsrauke

Die Knoblauchsrauke erkennst du an ihren herzförmigen Blättern und den kleinen weißen Blüten, die immer an der Spitze des Stängels stehen. Als Früchte hat sie längliche Schoten. Früher wurde die Knoblauchsrauke als Salatpflanze in Bauerngärten angepflanzt und wurde zum Würzen von Speisen verwendet.

Blüte mit vier weißen Blütenblättern

herzförmige Laubblätter

Sie wächst an Wald- und Gebüschsäumen, an Wegrändern und auf Schuttplätzen. Tritt sie massenhaft auf, ist das ein Hinweis auf verschmutzte Umwelt, da sie auch unter schwierigen Bedingungen wächst.

Mach mit!

Die Knoblauchsrauke macht ihrem Namen alle Ehre: Nimm ein paar junge Blätter und zerreibe sie zwischen den Fingern. Nun rieche daran. Zerschneide anschließend eine Knoblauchzehe und vergleiche den Geruch!

Die Blätter der Knoblauchsrauke riechen ähnlich wie Knoblauchzehen.

Die Knoblauchsrauke wird 30 bis 60 cm hoch.

Die Knoblauchsrauke blüht von April bis Juni.

Feb | Mär | Apr | Mai | Jun | Jul | Aug | Sep | Okt | Nov | Dez

Die Wilde Möhre

Schau dir den **Blütenstand** einmal ganz genau an: Er besteht aus vielen winzig kleinen Blüten. Da die Stiele dieser einzelnen Blüten alle an der gleichen Stelle zusammengewachsen sind, nennt man den Blütenstand auch **Dolde**. In der Mitte der Dolde befindet sich oft ein dunkelrotes Blütchen. Diese sogenannte Mohrenblüte lockt Insekten an.

Mohrenblüte

gefiedertes Blatt

Möhrenwurzel

Schau genau!

Die Wilde Möhre gehört zu den Vorfahren unserer Möhre. Die Wurzel der Wilden Möhre hat zwar eine ähnliche Form wie die dicke Speise-Möhre, sie ist aber weiß und viel kleiner. Grabe einmal vorsichtig eine Wilde Möhre mit der Wurzel aus und rieche daran. Bestimmt kommt dir der Geruch ganz bekannt vor.

Speise-Möhre (links) und Wilde Möhre (rechts) im Vergleich

Die Wilde Möhre wächst fast überall auf Wiesen und an Straßenrändern. Auf einer ungemähten Wiese findest du sie bestimmt!

Die Wilde Möhre wird 30 bis 90 cm hoch.

Die Wilde Möhre blüht von Mai bis September.

Jan   Feb   Mär   Apr   Mai   Jun   Jul   Aug   Sep   Okt   Nov   D

Der Wiesen-Kerbel

Dolde

Einzel-
blüte

zusammengesetzte
Dolde

Kein anderes Doldengewächs
überzieht die Feldränder in solcher
Fülle wie der Wiesen-Kerbel.
Doldengewächse haben viele winzig
kleine Blüten, deren Stiele an der
gleichen Stelle entspringen. Diese
sogenannten Dolden gehen beim
Wiesen-Kerbel ebenfalls von einem
Punkt aus. In diesem Fall spricht man
von **zusammengesetzten Dolden**.

Mit Wiesen-Kerbel überzogene Raine und Wegränder
weisen auf intensive Landnutzung und auf Düngung mit
Gülle oder Mineraldünger hin. Dadurch breitet sich der
Wiesen-Kerbel massenhaft aus und verdrängt oft andere
Pflanzen. Die Artenvielfalt nimmt ab.

Schau genau!

**Im Juni blühen
die meisten
Doldengewächse.
Suche Giersch und
Baldrian. Vergleichst
du Blütenstände und
Blätter, siehst du,
dass sie verschieden
sind: Der Baldrian
gehört nicht zu den
Doldengewächsen.**

Giersch

Baldrian

Der Wiesen-Kerbel wird 15 bis 60 cm hoch.

Der Wiesen-Kerbel blüht von April bis Juni.

| an | Feb | Mär | Apr | Mai | Jun | Jul | Aug | Sep | Okt | Nov | Dez |

Weiße Blütenfarbe

Der Giersch

Dolde

Der Giersch gehört zu den Doldengewächsen, deren zusammengesetzte
Dolde unverwechselbar ist. Auffällig ist
bei dieser Art, dass die **Laubblätter** nicht
fein gefiedert sind, sondern zumeist aus drei
schmalen eiförmigen Blättchen bestehen.

**zusammengesetzte
Dolde**

Er bevorzugt schattige Orte im Garten ebenso
wie im Gebüsch. Wo er wächst, ist der Boden meistens
nährstoff- und vor allem stickstoffreich.

**Drei eiförmige
Teilblätter bilden
ein Laubblatt.**

Wichtig zu wissen!

Wenn du im Garten Giersch jätest,
musst du auch die kleinsten und
dünnsten weißen Würzelchen entfernen. Aus ihnen wachsen sonst
wieder neue Gierschpflanzen
heran. Daher ist die Pflanze bei
Gärtnern nicht sehr beliebt. Die
Blüten sind allerdings sehr schön
und in der Vase
mehrere Tage
haltbar.

**Die Wurzeln breiten
sich unterirdisch
weit aus.**

Der Giersch wird 30 bis 80 cm hoch.

Der Giersch blüht von Mai bis August.

☠ Der Riesen-Bärenklau

Der Riesen-Bärenklau ist wirklich ein Riese. Er ist so groß, dass du ihn nicht übersehen kannst. Der Stängel kann bis zu 10 cm dick werden. Er ist innen hohl und außen mit vielen borstigen Haaren besetzt. Die grünen Blätter können sogar bis zu 2 m lang werden.

Finger weg!

Das gilt für beide Bärenklau-Arten. Sie enthalten gefährliche Stoffe, die beim Riesenbärenklau noch stärker wirken als beim Wiesen-Bärenklau. Beim Kontakt mit der Haut kann es zu starker Rötung und schmerzhaften Brandblasen kommen.

Der Blütenstand kann über 50 cm breit werden.

Der Wiesen-Bärenklau ist der kleine Verwandte (50 bis 150 cm) und seine Blätter haben im Gegensatz zu denen des Riesen-Bärenklaus keine spitzen Zipfel.

Die Blätter sind bis zu 2 m groß.

Am häufigsten wächst der Riesen-Bärenklau, den man auch Herkulesstaude nennt, an Bach- und Flussufern. Du kannst ihn aber auch an Straßenrändern finden. Er stammt ursprünglich aus dem Kaukasus und wurde bei uns als Zierpflanze eingeführt.

Der Riesen-Bärenklau wird 1 bis 3 m hoch.

Der Riesen-Bärenklau blüht von Juni bis September.

| an | Feb | Mär | Apr | Mai | Jun | Jul | Aug | Sep | Okt | Nov | Dez |

Der Weiß-Klee

Den Weiß-Klee hast du bestimmt schon einmal gesehen. Er hat ein bis zwei kugelige Blütenstände, die aus vielen einzelnen Blüten bestehen. Die nach unten weisenden Blütchen werden schon früh braun. Für Bienen und Hummeln sind die Kleeblüten wichtige „Nektar-Tankstellen".

Mach mit!

Wer schaut am besten hin? Die Blätter des Weiß-Klees bestehen aus drei einzelnen grünen Teilblättern. Manchmal gibt es aber auch Kleepflanzen, die vier Teilblätter haben. Doch du musst schon sehr genau hinschauen, um ein vierblättriges Kleeblatt zu entdecken. Das gilt als Glücksbringer!

Laubblatt bestehend aus drei Teilblättern

Blütenstand

Findest du ein vierblättriges Kleeblatt?

Vor allem auf Wiesen, die nur selten gemäht werden, wächst der Weiß-Klee in großen Mengen. Hast du ein Kaninchen zu Hause, weißt du, wie gerne die Tiere den Klee mögen.

Der Weiß-Klee wird 5 bis 20 cm hoch.

Der Weiß-Klee blüht von Mai bis Oktober.

Der Sauerklee

An seinen fünf weißen, zarten Blütenblättern kannst du den Sauerklee erkennen. Wenn du ganz genau hinsiehst, entdeckst du auf ihnen sehr zarte rötliche Adern. Seine grünen Blätter erinnern zwar an die Blätter des Weiß-Klees, aber diese beiden Pflanzen sind nicht miteinander verwandt.

Den Sauerklee findest du meistens in größeren Gruppen in Laub- und Nadel-wäldern. Er mag es gern schattig und feucht.

feine rötliche Adern

Blüte

ausge-breitetes Blatt

zusammen-geklapptes Blatt

Erstaunlich!

Der Sauerklee kommt mit ganz wenig Licht aus. Nur im Schatten fühlt er sich wohl und breitet seine Blätter aus. Bei zu viel Licht klappt er seine Blättchen nach unten zusammen. Dadurch geben die Blätter weniger Wasser ab.

Der Sauerklee wird 5 bis 15 cm hoch.

Der Sauerklee blüht von April bis Mai.

Jan	Feb	Mär	Apr	Mai	Jun	Jul	Aug	Sep	Okt	Nov	Dez

Die Zaunwinde

Die Zaunwinde kann etwas ganz Besonderes: Mit ihren beweglichen Trieben „windet" sie sich um Zäune und Stängel von Sträuchern immer in Richtung Licht. Die bis zu 5 cm großen Blüten sehen aus wie „Elfenhütchen".

Die Triebspitzen winden sich links herum.

Die Blüte sieht aus wie ein Elfenhütchen.

Du kannst sie an Zäunen zwischen Gärten, aber auch in Hecken und Gebüschen finden. Manchmal breitet sie sich sehr schnell aus. Da sie andere Pflanzen überwuchert, gefällt das vielen Gärtnern gar nicht.

Schau genau!

Suche einmal eine Zaunwinde in deiner Nähe und stecke daneben einen Stock in die Erde. In den nächsten Tagen kannst du beobachten, wie sich die Pflanze Stück für Stück um den Stab windet. Das tut sie übrigens immer gegen den Uhrzeigersinn – also links herum.

Die Zaunwinde kann 3 m hoch ranken.

Die Zaunwinde blüht von Juni bis Oktober.

Die Weiße Taubnessel

Ihre Blätter sehen denen der Brennnessel zum Verwechseln ähnlich. Aber sie sind „taub", das bedeutet, sie „brennen" nicht! Die Blüte sieht ein bisschen aus wie ein Tiergesicht: Sie hat ein geöffnetes Maul mit einer Ober- und einer Unterlippe.

Mach mit!

Die Hummel holt den Nektar mit ihrem langen Rüssel tief aus der Blütenröhre. Probiere selbst einmal aus, ob du auch Nektar in der Blüte finden kannst: Zupfe vorsichtig eine Blüte heraus. Dann sauge hinten an der Blütenröhre. Na, schmeckst du etwas Süßes?

Zwei Blätter stehen einander gegenüber.

Eine Hummel holt den Nektar aus der Blütenröhre.

Blüte mit Ober- und Unterlippe

Taubnesseln begegnen dir überall an Weg- und Straßenrändern. Besonders häufig wachsen sie dort, wo früher einmal Schutt abgelagert wurde.

Der Stängel hat vier Kanten.

Die Weiße Taubnessel wird 20 bis 50 cm hoch.

Die Weiße Taubnessel blüht von April bis Oktober.

Jan Feb Mär Apr Mai Jun Jul Aug Sep Okt Nov Dez

Das Gänseblümchen

Wusstest du, dass die Blüte aus vielen winzig kleinen einzelnen Blütchen besteht? Die kleinen gelben Blüten heißen **Röhrenblüten** und sitzen dicht gedrängt im sogenannten Körbchen. Die weißen Blüten am Rand nennt man **Zungenblüten**.

Mach mit!

Aus den zahlreich vorkommenden Gänseblümchen kannst du eine hübsche Blumenkette oder einen Kranz basteln. Mache in der Mitte eines jeden Stiels einen kleinen Schlitz und ziehe jeweils einen anderen Stiel hindurch. So kannst du eine schöne Kette anfertigen, um dich selbst oder den Tisch damit zu schmücken.

weiße Zungenblüten

gelbe Röhrenblüten

Blütenkörbchen

Am häufigsten wächst das Gänseblümchen auf Wiesen, die nicht zu häufig gemäht werden. Dort kann es so dicht wachsen, dass Gräser dazwischen kaum noch Platz haben. Oft öffnen sich die Blütenkörbchen sogar im Winter.

Das Gänseblümchen wird bis zu 15 cm hoch.

Das Gänseblümchen kann das ganze Jahr über blühen.

| Jan | Feb | Mär | Apr | Mai | Jun | Jul | Aug | Sep | Okt | Nov | De |

Die Echte Kamille

Das **Blütenkörbchen** der Kamille erinnert an das Gänseblümchen, aber die Pflanze ist viel größer und verzweigter. Bei der Echten Kamille sind die weißen Zungenblüten etwas nach unten gebogen. An ihrem intensiven Duft kannst du die Art erkennen.

Am Rand mancher Getreidefelder findest du sowohl die Echte Kamille als auch ihre geruchlose „Schwester", die Falsche Kamille.

Schau genau!

Mit einem kleinen Experiment kannst du die Echte und die Falsche Kamille absolut sicher unterscheiden: Zerschneide die Blütenköpfe der Länge nach. Das Köpfchen der Echten Kamille ist hohl, das der Falschen Kamille ist gefüllt. Mache die Geruchsprobe: Zerreibe die Köpfchen zwischen zwei Fingern. Nur die Echte Kamille duftet aromatisch und „gesund" wie Kamillentee.

Blüten im Querschnitt:

Echte Kamille mit hohlem ...　**... Falsche Kamille mit gefülltem Blütenkörbchen**

Die Echte Kamille wird 15 bis 50 cm hoch.

Die Echte Kamille blüht von Mai bis September.

an	Feb	Mär	Apr	Mai	Jun	Jul	Aug	Sep	Okt	Nov	Dez

Die Margerite

Da sie sich sehr schnell ausbreitet und dann eine ganze Wiese bevölkern kann, wird die Margerite auch **Wucherblume** genannt. Ähnlich wie beim Gänseblümchen sitzen die gelben Einzelblüten zusammen in einem Körbchen.

weiße Zungenblüten

gelbe Einzelblüten im Körbchen

Mach mit!

Kennst du das Blütenorakel? Dabei stellst du eine Frage und zupfst dann eine weiße Zungenblüte nach der anderen aus: Einmal heißt es „ja" und bei der nächsten Blüte heißt es „nein". Die endgültige Antwort gibt dir die letzte Zungenblüte. Doch ob sie stimmt …?

Auf Wiesen und an Straßenrändern kannst du die Margerite manchmal „wuchern" sehen. Sie wächst selten allein, sondern fast immer in größeren Gruppen. Hier kannst du dir einen schönen Blumenstrauß pflücken.

Das Blütenorakel: Ja – nein – ja … Weiß die letzte Zungenblüte die Antwort?

Die Margerite wird 20 bis 90 cm hoch.

Die Margerite blüht von Mai bis Oktober.

| Jan | Feb | Mär | Apr | Mai | Jun | Jul | Aug | Sep | Okt | Nov | De |

Die Schaf-Garbe

Die großen Blütenstände bestehen aus vielen kleinen Blütenkörbchen. Jedes von ihnen enthält mehrere winzige Einzelblüten, die du nur mit einer Lupe richtig gut erkennen kannst. Die grünen Laubblätter sind stark zerschlitzt.

Blütenstand

Blütenkörbchen mit winzigen Einzelblüten

gefiedertes Laubblatt

Schau genau!

Wie kam die Schaf-Garbe zu ihrem Namen? Schafe fressen sie besonders gern, allerdings nur die Blätter. Schau dich auf einer Wiese einmal genauer um. Findest du die Blüten der Schaf-Garbe auf völlig blattlosen Stängeln? Das ist ein sicheres Zeichen dafür, dass hier eine Schafherde entlang gezogen ist.

Schafe fressen nur die Blätter der Schaf-Garbe, nicht die Blütenstände.

Du findest die Schaf-Garbe recht häufig auf trockenen Wiesen und Weiden, an Weg- und Straßenrändern, vor allem auf nur gelegentlich beweidetem Land.

Die Schaf-Garbe wird 15 bis 60 cm hoch.

Die Schaf-Garbe blüht von Juni bis Oktober.

| n | Feb | Mär | Apr | Mai | Jun | Jul | Aug | Sep | Okt | Nov | Dez |

Der Bär-Lauch

Wenn du den Bär-Lauch suchst, geh immer der Nase nach. Er verströmt einen sehr kräftigen Knoblauch-geruch – vor allem, wenn hunderte von Bär-Lauch-Pflanzen den Waldboden überziehen. Die einzelnen Blüten sehen aus wie kleine Sterne mit sechs weißen Strahlen. 10 bis 25 einzelne Blütchen bilden gemeinsam einen schönen Blütenstand.

Die Blätter riechen stark nach Knoblauch.

Mach mit!

Ernte von Pflanzen, die noch nicht blühen, einige Blätter. Zerschneide sie in dünne Streifen und gib sie in eine Suppe, einen Salat oder in einen Kräuterquark. Mancher Fein-schmecker mag den Bär-Lauch viel lieber als die Küchenzwie-bel und den Knoblauch.

············ **Zwiebel**

Die Pflanze wächst in vielen Laubwäldern. Sie steht dort meistens an etwas schattigen und feuchten Stellen.

Der Bär-Lauch wird 15 bis 50 cm hoch.

Der Bär-Lauch blüht von April bis Juni.

| Jan | Feb | Mär | Apr | Mai | Jun | Jul | Aug | Sep | Okt | Nov | D |

Weiße Blütenfarbe

☠ Das Maiglöckchen

Lange bevor das Maiglöckchen blüht, kannst
du es an den zwei großen Blättern erkennen.
Die Blüten sind an einem blattlosen Stiel
aufgereiht und sehen aus wie kleine
Glocken. Sie duften sehr angenehm.

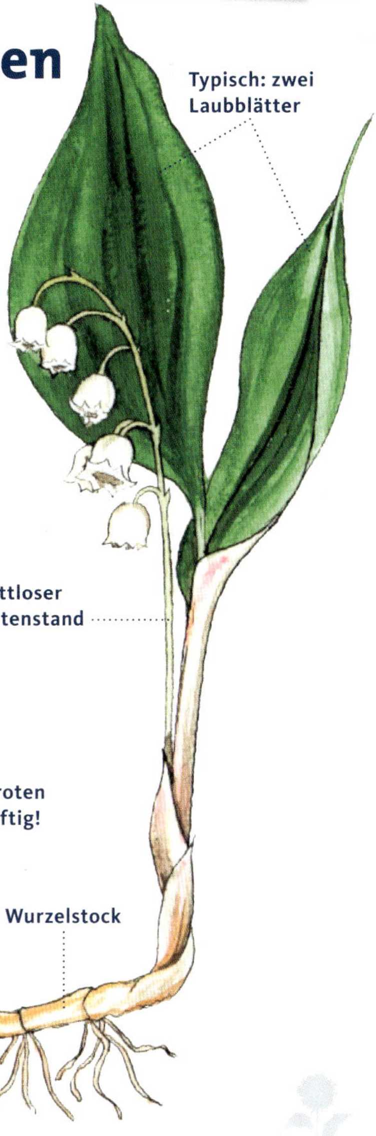

**Typisch: zwei
Laubblätter**

Finger weg!

Im Sommer treten an die Stelle
der Blüten kleine rote Beeren.
Sie sind recht auffällig und verlockend schön. Aber Finger weg!
Auf keinen Fall probieren! Die
Beeren sind giftig und für den
Menschen gefährlich. Lass sie
den Vögeln, denen das Gift
nichts ausmacht.

**blattloser
Blütenstand**

**Vorsicht: Die roten
Beeren sind giftig!**

Wurzelstock

Maiglöckchen gibt es in fast
allen Laubwäldern, seltener jedoch in
Nadelwäldern. Maiglöckchen
blühen deutlich später als
Scharbockskraut und
Busch-Windröschen.

Das Maiglöckchen wird 10 bis 25 cm hoch.

Das Maiglöckchen blüht von Mai bis Juni.

| Jan | Feb | Mär | Apr | Mai | Jun | Jul | Aug | Sep | Okt | Nov | Dez |

☠ Das Schneeglöckchen

Als erste Blumen im Jahr läuten die Schneeglöckchen mit ihren zarten, nickenden Blütenglöckchen den Vorfrühling ein. Oft liegt dann noch ringsum Schnee. Kein Wunder, dass jeder diese Blume kennt, der Schnee und Eis nichts ausmacht.

nickendes
Blütenglöckchen

Das Schneeglöckchen wächst in den meisten Gärten. In einigen feuchten Laubwäldern und hausnahen Obstwiesen stehen viele tausend Schneeglöckchen dicht beisammen. Manchmal kommt es auch verwildert oder von Natur aus wild wachsend vor. Es ist eine geschützte Pflanze.

Wichtig zu wissen!

Die Zwiebeln sind eine ideale Vorratskammer, in die das Pflänzchen Stoffe fürs Wachstum und zur Blüte eingelagert hat. Sie bilden sich schon im Vorjahr. Ebenso wie den Blättern und Blüten macht den Zwiebeln Frost gar nichts aus. Für den Menschen sind die Zwiebeln giftig.

Zwiebel

Das Schneeglöckchen wird 5 bis 20 cm hoch.

Das Schneeglöckchen blüht von Februar bis April.

☠ Das Scharbockskraut

Das Scharbockskraut erkennst du an seinen dottergelben Blüten. Gemeinsam mit dem Busch-Windröschen gehört es zu den ersten Frühlingsblumen im Wald. Die Blüten des Scharbockskrauts sehen aus wie Sternchen mit sechs bis zwölf Blütenblättern.

In den Blattachseln sitzen die sogenannten Brutknöllchen.

Die dottergelben Blütenblätter sind in Sternchenform angeordnet.

Die unterirdischen Knollen sorgen für die Vermehrung.

Finger weg!

Das frische Kraut enthält reichlich Vitamin C, allerdings auch andere, ungenießbare Stoffe. Deshalb darfst du die Pflanze auf keinen Fall essen. Das Scharbockskraut bringt übrigens nur selten Samen hervor. Für seine starke Vermehrung sorgen vielmehr unterirdische Knollen und die sogenannten Brutknöllchen in den Achseln der Laubblätter.

Es wächst vor allem in Laubwäldern. Du kannst das Scharbockskraut aber auch in Gärten und auf leicht beschatteten Wiesen finden.

Das Scharbockskraut wird 5 bis 15 cm hoch.

Das Scharbockskraut blüht von März bis Mai.

| | Feb | Mär | Apr | Mai | Jun | Jul | Aug | Sep | Okt | Nov | Dez |

☠ Der Hahnenfuß

······ **fünf gelbe Blütenblätter**

Wegen seiner Blütenfarbe wird der Hahnenfuß auch „**Butterblume**" genannt. Seine grünen Blätter erinnern an Vogelfüße. Es gibt verschiedene Hahnenfuß-Arten, und viele Mitglieder dieser Familie haben so eine Blattform.

Der Hahnenfuß wächst auf Wiesen und Weiden, an Straßen- und Wegrändern, oft in großen Mengen.

stark geteilte, handförmige Blätter beim Scharfen Hahnenfuß

Achte einmal auf die unterschiedlichen Blätter vom Kriechenden (links) und vom Scharfen Hahnenfuß (rechts).

Finger weg!

Fast alle Hahnenfuß-Arten sind giftig. So auch der größere Scharfe Hahnenfuß und der niedrigere Kriechende Hahnenfuß. Beide werden wegen ihres scharfen Geschmacks von Kühen nicht gefressen. Im trockenen Heu verlieren sie aber ihre Giftigkeit und stehen bei Kühen und anderen Weidetieren wieder auf dem Speisezettel.

 **Der Hahnenfuß wird 30 bis 100 cm hoch.**

Der Hahnenfuß blüht von Mai bis September.

☠ Die Sumpfdotterblume

Die Sumpfdotterblume mit ihren kräftigen gelben, glänzenden Blüten und großen dunkelgrünen und nierenförmigen Blättern ist nicht zu übersehen. Die unteren Blätter sitzen auf einem Stiel, die oberen Blätter direkt am Stängel.

Finger weg!

Nicht anfassen, nicht essen, am besten nur anschauen. Die Sumpfdotterblume ist giftig und führt bei Verzehr zu Erbrechen und Magenbeschwerden, bei Hautkontakt zu Reizungen.

In der Sammelfrucht sind die Früchte enthalten.

Die Sumpfdotterblume wächst an Bächen und Gräben, gerne auch auf Sumpfwiesen und an Quellen. In Tiefland ist die Pflanze seltener. Durch Begradigung von Bächen und Trockenlegen feuchter Wiesen verliert die Pflanze immer mehr ihren Lebensraum.

Stängel kantig, hohl

Die Sumpfdotterblume wird 25 bis 30 cm hoch.

Die Sumpfdotterblume blüht von April bis Juni.

n	Feb	Mär	Apr	Mai	Jun	Jul	Aug	Sep	Okt	Nov	Dez

☠ Die Sumpf-Schwertlilie

Die gelben Blüten der Sumpf-Schwertlilie sind fast 10 cm groß. Die Pflanze gehört zu den schönsten und auffälligsten Wildblumen. Sie darf aber trotzdem nicht gepflückt werden, da sie vielerorts sehr selten ist und zudem Erbrechen hervorrufen kann.

Schau genau!

Wie kommt die Pflanze zum Namen „Schwertlilie"? Dazu haben vor allem die Blätter beigetragen: Sie sehen aus wie Schwerter. Zu den Lilien gehört die Pflanze jedoch nicht. Die Blüten sind aber ebenso schön und auffällig wie die vieler Lilien.

Die Blätter erinnern an Schwerter.

Wie schon ihr Name verrät, wächst die Sumpf-Schwertlilie auf nassem, sumpfigen Boden. Man findet sie sowohl an stehenden Gewässern wie Seen, Gräben oder Sümpfen als auch an fließenden Gewässern wie Bächen und Flüssen. Die seltene Pflanze steht unter Naturschutz.

Die Sumpf-Schwertlilie wird 50 bis 100 cm hoch.

Die Sumpf-Schwertlilie blüht von Mai bis Juni.

☠ Das Schöllkraut

Zur Blüte des Schöllkrauts gehören vier gelbe Blütenblätter. Bricht der Stängel ab, kommt ein orangegelber **Milchsaft** aus dem Stängelende. Manche Leute meinen, man könnte damit Warzen wegätzen.

Finger weg!

Das Schöllkraut zählt zu unseren einheimischen Giftpflanzen. Wenn du diese Pflanze siehst, solltest du sie daher stehen lassen. Für Ameisen hingegen sind die Samen des Schöllkrauts ein wahrer Leckerbissen. Wenn die Tiere auf ihrem Weg einen Samen in einen Mauerspalt oder eine Ritze fallen lassen, kann dort eine neue Pflanze wachsen.

vier gelbe Blütenblätter

Vorsicht: giftiger orangegelber Milchsaft

Die Pflanze wächst auf Schutt, an Hecken, an Wald- und Wegrändern. Oft findest du das Schöllkraut auch in Mauerspalten und Ritzen.

Das Schöllkraut wird 30 bis 90 cm hoch.

Das Schöllkraut blüht von April bis Oktober.

Das Echte Johanniskraut

Wenn du die kleinen, eiförmigen Laubblätter gegen das Licht hältst, erscheinen sie wie durchlöchert. In Wirklichkeit aber handelt es sich bei den „Löchern" um winzige Öldrüsen.

Erstaunlich!

Aus Gelb wird Rot: Mit einem kleinen Experiment kannst du anderen etwas „vorzaubern". Zupfe eine möglichst dicke Blütenknospe ab und zerreibe sie zwischen Daumen und Zeigefinger. Zurück bleibt ein roter Fleck. Er entsteht aus den Inhaltsstoffen der Pflanze. Diese dienen auch zur Herstellung von Ölen und Medikamenten.

Aus der gelben Knospe kommt ein Saft, der sich rot verfärbt.

An Böschungen, Wegrändern und in Säumen von Hecken und Gebüschen ist das Echte Johanniskraut keine Seltenheit.

Laubblätter
mit Öldrüsen

Das Echte Johanniskraut wird 30 bis 80 cm hoch.

Das Echte Johanniskraut blüht von Juni bis September.

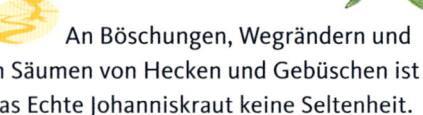

Jan	Feb	Mär	Apr	Mai	Jun	Jul	Aug	Sep	Okt	Nov	De.

Das Springkraut

Das Springkraut erkennst du an seinen großen gelben Blüten. Sie haben einen nach unten gebogenen **Sporn**. Jede Blüte hängt einzeln unter einem grünen Blatt wie unter einem Regenschirm.

Sporn an gelber Blüte

Samenkapsel

Schau genau!

Das Besondere am Springkraut sind die Samenkapseln. Wenn du besonders dicke Samenkapseln berührst und vorsichtig darauf drückst, schleudern sie die Samen heraus. Menschen, Tiere oder Bewegungen durch den Wind sind also nötig, damit die Kapseln aufplatzen und sich die Samen möglichst weit verbreiten können.

Du findest diese Pflanze in feuchten Laubwäldern, aber auch an Quellen, Bächen und an nassen Waldwegen.

Die reife Kapsel (oben) schleudert bei Berührung die Samen heraus (unten).

Das Springkraut wird 50 bis 100 cm hoch.

Das Springkraut blüht von Juli bis Oktober.

Die Hohe Schlüsselblume

Die hellgelben Blüten der Hohen Schlüsselblume sehen aus wie Tellerchen an langen Stielen. Sie duften nicht. Die grünen Blätter entspringen direkt am Boden.

blattloser Stängel

Laubblätter am Pflanzengrund

Wichtig zu wissen!

Die Hohe Schlüsselblume hat hellgelbe, nichtduftende Blüten. Die Blüten der Echten Schlüsselblume sind dagegen dottergelb. Schlüsselblumen werden auch „Primeln" genannt. „Primus" ist lateinisch und heißt „der Erste". Die Primeln gehören zu den ersten Blumen, die nach dem Winter blühen.

Echte Schlüsselblume

Du findest die geschützte Art in feuchten Laubwäldern und am Rand von Gräben und Bächen.

🌼 Die Hohe Schlüsselblume wird 10 bis 30 cm hoch.

Die Hohe Schlüsselblume blüht von März bis Mai.

| Jan | Feb | Mär | Apr | Mai | Jun | Jul | Aug | Sep | Okt | Nov | De. |

Die Nachtkerze

Die Pflanze trägt zahlreiche 5 bis 6 cm große Blüten. Sie stehen dicht gedrängt unter- und nebeneinander am Stängel. Zuerst öffnen sich die unteren, dann nach und nach die oberen Blüten. Um sie wirklich geöffnet zu sehen, musst du warten, bis es dunkel wird. Denn die Nachtkerze öffnet ihre Blüten erst in der Dämmerung. So finden auch nachtaktive Insekten Nektar.

Der Nachtkerze begegnest du am häufigsten auf Schotter, auf Bahndämmen und alten Fabrikgeländen. Häufig wächst sie auch auf Schuttplätzen und sandigen Böden.

Mach mit!

Beobachte einmal die Entfaltung einer Blüte: Mit einer Stoppuhr kannst du überprüfen, wie lange es dauert, bis sich die Blüte vollständig geöffnet hat. Übrigens hält jede Blüte nur zwei Nächte lang, dann verwelkt sie.

Eine Blüte öffnet sich in wenigen Minuten und knistert dabei sogar.

Die Nachtkerze wird 50 bis 150 cm hoch.

Die Nachtkerze blüht von Juni bis September.

| | Feb | Mär | Apr | Mai | Jun | Jul | Aug | Sep | Okt | Nov | Dez |

Der Huflattich

Die Korbblüte des Huflattichs ähnelt der des Löwenzahns, erscheint allerdings viel früher. Der Huflattich blüht bereits direkt nach der Schneeschmelze und ist damit einer der ersten **Frühlingsboten**. Die Blätter, deren Unterseiten weißlich behaart sind, folgen den Blüten erst ein bis zwei Monate später. Sie enthalten Stoffe, die bei Erkältungen den Hustenreiz mildern und den Schleim lösen. Da die Blätter zugleich schädliche Stoffe enthalten, sollten nur Produkte aus der Apotheke verwendet werden.

Korbblüte mit zahlreichen Einzelblüten

weißliche Behaarung

Mach mit!

Weil der Huflattich eine sehr häufige Pflanzenart ist, darfst du ohne Bedenken eine Pflanze ausgraben, in ein Töpfchen mit Erde setzen und auf die Fensterbank stellen. Blumenfreunden kannst du mit dem Frühlingsboten eine Freude bereiten.

Huflattich wächst oft auf frisch aufgeschütteten Erdhaufen.

Man bezeichnet den Huflattich auch als „Pionierpflanze", weil er sich oft als erste Pflanze auf unbewachsener Erde ansiedelt.

Der Huflattich wird 10 bis 30 cm hoch.

Der Huflattich blüht von Februar bis April.

| Jan | Feb | Mär | Apr | Mai | Jun | Jul | Aug | Sep | Okt | Nov | D |

Der Löwenzahn

Diese Pflanze kennst du bestimmt. Die Ränder der grünen Blätter des Löwenzahns erinnern an die großen Zähne eines Löwen. Der Stängel enthält einen weißen Milchsaft und seine Wurzel wird sehr lang und dick. Es ist gar nicht so leicht, eine Löwenzahnpflanze mitsamt der Wurzel aus dem Boden zu ziehen.

Schau genau!

Suche dir eine Löwenzahnpflanze mit geschlossenen Körbchen. Markiere den Stiel mit einem roten Wollfaden. Wenn du täglich „deinen" Löwenzahn besuchst, kannst du miterleben, wie schnell aus ihm eine Pusteblume wird. In dieser Zeit wachsen auch die Stiele noch. So kann der Wind die Samen mit den Schirmchen gut wegpusten.

Samen
mit Fall-
schirmchen

Knospe

Da der Löwenzahn häufig auf Kuhweiden wächst, nennt man ihn auch „Kuhblume". Du wirst ihn aber auch an Wegrändern und auf Wiesen finden.

Pfahlwurzel

Der Löwenzahn wird 5 bis 50 cm hoch.

Der Löwenzahn blüht von April bis Oktober.

Feb	Mär	Apr	Mai	Jun	Jul	Aug	Sep	Okt	Nov	Dez

Der Rainfarn

Wie beim Gänseblümchen und bei der Kamille sitzen auch beim Rainfarn die winzigen Blütchen dicht gedrängt im Blütenkörbchen. Das einzelne Körbchen sieht aus wie ein gelber Knopf. Die grünen Blätter erinnern an Farnwedel. So kam der Rainfarn zu seinem Namen.

Mach mit!

Wenn du einen Hund hast, kannst du ihm etwas Gutes tun: Schneide einige Stängel mit Blüten und Blättern ab. Lege sie eine Zeit lang in die Hundehütte oder in das Körbchen. Der Rainfarn hat einen intensiven Geruch. Er gilt als gutes Mittel gegen Ungeziefer, das sonst deinen Hund plagt. Wasche dir danach die Hände.

ein Blüten-körbchen

Die Blätter erinnern an Farnwedel.

Du findest ihn fast überall an Wegrändern, auf Schuttplätzen und ungenutztem Land. Erst im Hochsommer steht er in voller Blüte.

Der Rainfarn wird 40 bis 150 cm hoch.

Der Rainfarn blüht von Juli bis September.

| Jan | Feb | Mär | Apr | Mai | Jun | Jul | Aug | Sep | Okt | Nov |

Die Kanadische Goldrute

Im Hochsommer fallen die großen Bestände auf, die einzig aus dieser stattlichen Pflanzenart bestehen. Unzählige winzige Korbblüten bilden einen Blütenstand, der wie eine sogenannte Rispe aussieht.

viele winzige Blüten in Körbchen

Die Kanadische Goldrute wächst vor allem auf „Böden aus zweiter Hand", das heißt an Standorten, die der Mensch zuvor anderweitig genutzt hat. Häufig ist sie zum Beispiel auf ehemaligem Industriegelände zu finden. Ursprünglich gab es die Kanadische Goldrute bei uns nicht. Weil sie aber so schön ist, wurde sie als Zierpflanze in Gärten angesiedelt. Von dort aus ist sie im Laufe der Jahre verwildert.

Anordnung der Körbchen als sogenannte Rispe

Schau genau!

Der Stängel verrät dir, ob es sich wirklich um die Kanadische Goldrute handelt oder ob du deren nahe Verwandte, die Riesen-Goldrute, vor dir hast. Der Stängel der Kanadierin ist behaart, der ihrer Verwandten unten kahl.

kahler Stängel der Riesen-Goldrute

Die Kanadische Goldrute wird 50 bis 200 cm hoch.

Die Kanadische Goldrute blüht von Juli bis September.

n	Feb	Mär	Apr	Mai	Jun	Jul	Aug	Sep	Okt	Nov	Dez

Die Sonnenblume

Diese große Pflanze wächst in einem einzigen Sommer vom kleinen Sonnenblumenkern zum stattlichen Riesen heran. Der Blütenkorb ist eine bis zu 40 cm große Scheibe. Sie dreht sich immer zur Sonne hin. So kam die Pflanze zu ihrem Namen.

viele einzelne Röhrenblüten

gelbe Zungenblüten

Mach mit!

Pflanze im Frühling einige Sonnenblumenkerne 2 cm tief in große Blumentöpfe und stelle sie an einen sonnigen Platz. Wenn du regelmäßig gießt und die Erde schön feucht hältst, wirst du schon bald einen Trieb aus der Erde wachsen sehen. Beobachte einmal, wie schnell deine Sonnenblumen groß werden. Übrigens schmeckt das Innere der Kerne sehr lecker. Du kannst im Winter die Vögel im Garten damit füttern.

Die reifen Samen sind ein Leckerbissen, nicht nur für Vögel!

Sonnenblumen wachsen in Gärten und auf Feldern. Sie sind zu echten Nutzpflanzen geworden, aus deren Samen Öl und Margarine hergestellt werden.

Die Sonnenblume wird 1 bis 3 m hoch.

Die Sonnenblume blüht von Juli bis November.

| Jan | Feb | Mär | Apr | Mai | Jun | Jul | Aug | Sep | Okt | Nov | D |

Der Raps

Wenn ein Rapsfeld blüht, kannst du es schon von Weitem leuchten sehen. Betrachte eine einzelne Rapsblüte einmal näher: Die vier Blütenblätter bilden ein gelbes Kreuz. Alle Blumen, bei denen du so ein Kreuz erkennen kannst, gehören zur Familie der **Kreuzblütler**.

Die vier Blütenblätter sind angeordnet wie ein Kreuz.

Erstaunlich!

Wenn der Raps im Sommer reif ist, sammle einige Schoten. Öffne sie und lege die Samen auf ein Blatt Papier. Wenn du sie zerdrückst, bleiben Fettflecken zurück.

Zerdrückte Samen hinterlassen Fettflecken.

Das liegt daran, dass die Samen sehr viel Öl enthalten. Aus den Rapssamen wird Margarine, Speiseöl und auch Treibstoff für Autos hergestellt. Den Rapsblüten und den fleißigen Bienen verdanken wir den Rapshonig.

Der Raps ist eine typische Feldpflanze. Doch manchmal kannst du ihn auch an Straßenrändern oder auf nicht genutztem Land finden.

Der Raps wird 60 bis 120 cm hoch.

Der Raps blüht im April und Mai.

| n | Feb | Mär | Apr | Mai | Jun | Jul | Aug | Sep | Okt | Nov | Dez |

Der Zottige Klappertopf

Zottig heißt er, weil besonders Stängel und Blütenkelche dicht behaart sind. Sieh dir die gelbe Blüte genau an. Sie trägt vorne an der helmartigen „Oberlippe" zwei violett gefärbte Zähnchen. Die Blätter sind gesägt und zwei stehen sich immer gegenüber.

Hör genau!

Hör genau hin, denn der Klappertopf heißt so, weil die reifen Samen hörbar in den Früchten klappern, wenn du die Pflanze leicht schüttelst.

violette
Zähnchen

Den Klappertopf findest du auf wenig gedüngten Wiesen. Im Norden Deutschlands wächst er nicht. Dafür sind die Alpen bis etwa 2000 m Höhe für ihn kein Problem. Er wächst am liebsten an einem warmen Standort und auf kalkhaltigen Böden.

Der Zottige Klappertopf wird 10 bis 80 cm hoch.

Der Zottige Klappertopf blüht von Mai bis August.

| Jan | Feb | Mär | Apr | Mai | Jun | Jul | Aug | Sep | Okt | Nov | D |

Die Königskerze

Wie ein mit Blüten bestreckter Stab streckt sich der Blütenstand der Königskerze steil in die Höhe. Die Laubblätter sind mit einem dichten Haarfilz überzogen. Dadurch fühlen sie sich viel weicher an als die der meisten übrigen Pflanzen. Daher wird die Königskerze auch „**Wollblume**" genannt.

Man findet die Königskerze an Wegrändern, Böschungen und Schuttplätzen. Sie gehört zu den geschützten Arten.

behaarte
Laubblätter

Erstaunlich!

Früher hat man die wollig behaarte Pflanze in Wachs getaucht und angezündet. Sie wurde bei festlichen Umzügen als Fackel vorangetragen. Daran erinnert der Name „Königskerze" bis zum heutigen Tag.

Die Königskerze wird 1 bis 2 m hoch.

Die Königskerze blüht von Juni bis September.

| Feb | Mär | Apr | Mai | Jun | Jul | Aug | Sep | Okt | Nov | Dez |

Der Mauerpfeffer

Diese Pflanzenzwerge bewachsen steinige Böden. Ihre winzigen Blättchen sind eiförmig verdickt und können dadurch besonders gut Wasser speichern.

verdickte Blätter als Wasserspeicher

locker stehende Blätter bei Trieben mit Blüte

dicht stehende Blätter bei Trieben ohne Blüte

Erstaunlich!

Der Mauerpfeffer hat seinen Namen zu Recht: Er wächst und blüht sogar in den kleinsten Mauerritzen. Regenwasser braucht der Mauerpfeffer nicht, denn ihm genügt die Feuchtigkeit der Luft. Das macht ihn zu einer idealen Pflanze für die Begrünung von Garagen- oder Hausdächern. Essbar ist der Mauerpfeffer trotz seines Namens allerdings nicht.

Mauerpfeffer als Zierpflanze auf steinigem Untergrund

Den Mauerpfeffer findet man am häufigsten unmittelbar am Fahrbahnrand. Die kleine Pflanze siedelt sich häufig als erste Pflanze auf steinigem Untergrund an und wird deshalb auch als „**Pionierpflanze**" bezeichnet.

Der Mauerpfeffer wird 5 bis 10 cm hoch.

Der Mauerpfeffer blüht von Mai bis August.

Jan	Feb	Mär	Apr	Mai	Jun	Jul	Aug	Sep	Okt	Nov

Der Hornklee

Die drei bis acht gelben Blüten des Hornklees bilden zusammen eine Dolde. Sie sitzt auf einem kantigen Stängel. Lass dich aber nicht verwirren. Manche Arten haben keine gelben, sondern orangefarbene Blüten.

Dolde

Blatt 5-zählig gefiedert

Wichtig zu wissen!

Der Hornklee ist besonders für Wildbienen ein guter Nektar- und Pollenspender. Da er viel Eiweiß enthält, ist er eine beliebte Futterpflanze.

 Den Hornklee findest du auf Wiesen, auf Weiden, in Gebüschsäumen, an Wegen, Böschungen und in Steinbrüchen. Er wächst auf leicht trockenen, warmen Böden.

Schau genau!

Den Hornklee könntest du mit der Wiesenplatterbse verwechseln. Sie trägt allerdings verzweigte Ranken und ihre Hülsenfrüchte sind tiefschwarz gefärbt.

Der Hornklee wird bis zu 40 cm hoch.

Der Hornklee blüht von Juni bis August.

| Feb | Mär | Apr | Mai | Jun | Jul | Aug | Sep | Okt | Nov | Dez |

☠ Die Mistel

Der Winter ist die beste Zeit, um Misteln auf den Bäumen zu entdecken. Wie ein Nest sitzen die gelbgrünen Pflanzen auf den Ästen. Ihre Blüten sind ziemlich unscheinbar. Die Blätter fühlen sich ledrig an und sind immergrün, aber auch giftig. Deshalb gut die Hände waschen!

unscheinbare Blüte

gabelig verzweigte Stängel

1 cm große Beeren

Wichtig zu wissen!

Seit dem Altertum ist die Mistel eine magische Pflanze, die unterschiedlichste Kräfte haben soll. Zu Weihnachten hängen viele Menschen Mistelzweige auf, sie gelten als Glücksbringer und als Symbol für Fruchtbarkeit.

Misteln wachsen auf Laubbäumen wie Pappeln und Weiden, auf Apfelbäumen, aber auch auf Kiefern und Weiß-Tannen. Vögel fressen die Beeren und hinterlassen mit ihrem Kot den Samen auf den Zweigen anderer Bäume. Der Samen keimt aus und zapft mit einem Saugfortsatz die Wasserleitungsbahnen der Wirtspflanze an.

Die Mistel wird 20 bis 50 cm hoch.

Die Mistel blüht von Februar bis April.

| Jan | Feb | Mär | Apr | Mai | Jun | Jul | Aug | Sep | Okt | Nov | |

Die Kuckucks-Lichtnelke

Die rosaroten Blütenblätter der Kuckucks-Lichtnelke sehen stark ausgefranst aus. Ihre grünen Laubblätter sind schmal und stehen sich immer gegenüber.

ausgefranste Blütenblätter

Schau genau!

Häufig kannst du kleine Schaumtröpfchen an dieser Pflanze entdecken. Weißt du, von wem die Tröpfchen stammen? Sie sind das Nest eines kleinen Insekts, der Schaumzikade. In diesem Schaumnest, dem sogenannten Kuckucksspeichel, wachsen die Zikadenlarven gut geschützt heran.

Im geöffneten Schaumtröpfchen erkennst du die Zikadenlarve.

Die schmalen Blätter stehen sich gegenüber.

Du findest die Kuckucks-Lichtnelke vor allem auf nassen Wiesen. Sie wächst aber auch an Wegrändern, die besonders feucht sind.

Die Kuckucks-Lichtnelke wird 30 bis 70 cm hoch.

Die Kuckucks-Lichtnelke blüht von April bis Juni.

an	Feb	Mär	Apr	Mai	Jun	Jul	Aug	Sep	Okt	Nov	Dez

Der Klatschmohn

Bestimmt hast du die leuchtend roten Mohn-
blüten schon einmal gesehen. Sie werden
6 bis 10 cm groß und haben in der
Mitte einen schwarzen Fleck.
Die geschlossenen Knospen
hängen immer nach
unten.

Blüte

Früher, als Bauern
noch keine Spritzmittel gegen
sogenannte Ackerunkräuter hat-
ten, wuchs der Klatschmohn überall
zwischen dem Getreide. Heute siehst
du ihn eher am Feldrand. Er wächst in
großen Mengen auf frisch abgetrage-
ner oder aufgeschütteter Erde.

Knospe

Mach mit!

Bastle aus Naturmaterialien fantasievolle
kleine Figuren! Die runden bis eiförmigen
Kapseln des Klatschmohns eignen sich
besonders gut für Köpfe. Stöcke könn-
ten der Körper sein. Hast du bereits
entdeckt, was in den reifen
Kapseln raschelt? Es sind die
Samen, die oben seitlich aus
der Kapsel herausfallen.

Aus der reifen Samen-
kapsel fallen seitlich die
Samen heraus.

 Der Klatschmohn wird 20 bis 90 cm hoch.

Der Klatschmohn blüht von Mai bis Juli.

| Jan | Feb | Mär | Apr | Mai | Jun | Jul | Aug | Sep | Okt | Nov | De |

Das Wald-Weidenröschen

Die weinroten Blüten des Wald-Weidenröschens sehen tatsächlich wie Röschen aus. Über 100 einzelne Blüten schmücken jede Stängelspitze. Die Pflanzen bilden oft ein einziges Blütenmeer. Sind die Blüten verwelkt, wachsen an den Stellen längliche Kapseln. Die Laubblätter sehen so ähnlich aus wie Weidenblätter, daher kommt der Name.

Knospe

Samenkapsel

Erstaunlich!

Das Wald-Weidenröschen kann sich sehr schnell ausbreiten, wenn es irgendwo eine freie, sonnige Stelle findet. In den rötlichen Kapseln der Pflanze reifen viele tausend Samen heran. Jedes Samenkorn hat einen Haarschopf und kann vom Wind kilometerweit weggetragen werden.

Das Wald-Weidenröschen ist ursprünglich an lichten Stellen im Wald zu Hause. Du kannst seine Blüten aber auch in der Stadt auf Grundstücken leuchten sehen, die gerade nicht genutzt werden.

Zunächst ist die Samenkapsel geschlossen (links). Wenn die Samen reif sind, öffnet sie sich (rechts).

Das Wald-Weidenröschen wird 50 bis 180 cm hoch.

Das Wald-Weidenröschen blüht von Juni bis August.

| Jan | Feb | Mär | Apr | Mai | Jun | Jul | Aug | Sep | Okt | Nov | Dez |

Das Drüsige Springkraut

Die stattliche, duftende Pflanze mit ihren blassroten Blüten ist so schön wie eine Orchidee. Im Gegensatz zu Orchideen kann man das Drüsige Springkraut leicht im Garten vermehren. Das brachte ihr den Namen „Bauernorchidee" ein. Ursprünglich stammt sie aus Indien und wurde als Zierpflanze nach Europa gebracht.

Frucht

Blüte

Laubblatt

Mach mit!

Die Pflanzen verfügen über einen Schleudermechanismus, den du auch von Hand auslösen kannst. Pflücke vorsichtig einige möglichst große und reife Samenkapseln, ohne dass sie gleich explodieren. Löse den Schleudermechanismus durch leichten Druck auf die Kapsel auf dem nächsten Weg aus. Dann miss die Strecke, die die Samen zurückgelegt haben!

Die Samen werden herausgeschleudert.

Inzwischen hat sich das Drüsige Springkraut ausgebreitet. Vor allem auf feuchtem Boden in Ufernähe wächst die Pflanze oft massenhaft wild und verdrängt zum Teil heimische Arten.

Das Drüsige Springkraut wird 50 bis 200 cm hoch.

Das Drüsige Springkraut blüht von Juni bis Oktober.

| Jan | Feb | Mär | Apr | Mai | Jun | Jul | Aug | Sep | Okt | Nov | De |

Der Rote Fingerhut

Seinen Namen verdankt der Rote Fingerhut der Form seiner Blüte. Viele purpurrote Blüten sitzen am oberen Ende des Stängels, immer mit der Öffnung nach unten. Im Inneren der Blüten siehst du rotviolette Flecken mit einem weißen Rand. Das sind die sogenannten „**Saftmale**". Wie Verkehrsschilder zeigen sie den Insekten den Weg zum Nektar.

Hummeln sind gern gesehene Blütenbesucher des Fingerhuts.

Den Roten Fingerhut findest du vor allem in den Mittelgebirgen. Er wächst auf Waldlichtungen von Laub- und Nadelwäldern.

Finger weg!

Die Pflanze ist sehr giftig! Sie enthält Stoffe, die bewirken können, dass das Herz eines Menschen aufhört zu schlagen. Doch Forscher und Ärzte haben herausgefunden, dass diese Stoffe bei Menschen mit Herzschwäche auch sehr gut helfen können. Die Medikamente enthalten die Stoffe aber nur in äußerst geringen Mengen.

Der Rote Fingerhut wird 30 bis 150 cm hoch.

Der Rote Fingerhut blüht von Juni bis August.

Feb | Mär | Apr | Mai | Jun | Jul | Aug | Sep | Okt | Nov | Dez

☠ Die Herbstzeitlose

Wenn im Herbst die meisten Blumen
bereits verwelkt sind, öffnen sich die
Blüten der Herbstzeitlosen. Sie
sehen aus wie Krokusse, die du
aus dem Garten im Frühling kennst.
Die großen grünen Laubblätter der
Herbstzeitlose sprießen erst im
nächsten Frühjahr aus der Erde.

**blattloser
Blütenstängel
(Herbst)**

Finger weg!

Die Herbstzeitlose ist sehr giftig!
Fasse weder die Blätter noch
die Samenkapseln an! Wenn ein
Mensch nur ein bis fünf Samen
isst, kann er daran sterben. Selbst
Kühe machen einen großen Bogen
um die Herbstzeitlose. Nur Ziegen
und Schafe fressen sie. Ihre Milch
kann danach allerdings noch
Spuren des Giftes enthalten.

Knolle

**Blätter und
Samenkapsel
(Frühling)**

 Du wirst
diese Pflanze in
Norddeutschland wahrscheinlich vergeblich suchen. Im Süden
Deutschlands findest du sie noch auf vielen Wiesen. Allerdings ist
die Herbstzeitlose auch dort selten und ist eine geschützte Art.

Die Herbstzeitlose wird 5 bis 20 cm hoch.

Die Herbstzeitlose blüht von August bis Oktober.

Jan	Feb	Mär	Apr	Mai	Jun	Jul	Aug	Sep	Okt	Nov	D

Die Pestwurz

Die Blütenstände bestehen aus zahlreichen rötlichen Blütenkörbchen. Sie sind besonders auffällig, weil sie sich im Frühling früher entfalten als die Laubblätter. Dafür sind die Blätter im Sommer wegen ihrer Größe kaum zu übersehen. Sie wurden früher als Heilmittel verabreicht. Zu viel davon ist jedoch giftig.

Mach mit!

Die Blätter der Pestwurz sind größer als fast alle anderen Blätter unserer heimischen Pflanzen. Die Pflanze wird auch „Wilder Rhabarber" genannt. Beim Spielen kannst du dir aus einem solchen Blatt sogar einen Sonnenhut machen: Ziehe dazu einen Teil des Blattstängels durch das Blatt. Dadurch erhältst du ein Band, das deinen Hut auf dem Kopf hält.

Blütenstand mit Blütenkörbchen

Die Pestwurz wächst vor allem an Ufern von Bächen und Flüssen. Du kannst sie aber auch an nassen Stellen im Hügel- und Bergland finden. Im Tiefland ist die Pflanze seltener.

Laubblatt

Die Pestwurz wird 20 bis 100 cm hoch.

Die Pestwurz blüht von März bis Mai.

Die Klette

Die runden Blütenköpfe der großen Pflanze tragen oben einen Kranz rotvioletter Blüten, die etwas an eine Königskrone erinnern. Das kugelige Köpfchen darunter ist mit Hüllblättchen bedeckt, die an ihren Spitzen kräftige Haken haben. Dadurch bleiben die Blüten und damit auch die Samen im Fell von Tieren hängen.

Mach mit!

Die kugeligen Köpfe der Klette eignen sich prima zum Spielen. Aber bitte nicht in die Haare werfen, denn es ist sehr schmerzhaft, sie wieder zu entfernen. Wenn ihr euch aber alte Decken umhängt, könnt ihr euch mit den Kletten bewerfen und später zählen, wer die meisten Treffer hat. Außerdem könnt ihr auf einer Decke schöne Muster legen und diesen Schmuck an die Wand hängen.

Blütenköpfe mit rotvioletten Blüten

Mit ihren Häkchen bleiben die Blüten und Samen im Fell von Tieren – wie hier beim Fuchs – hängen. Diese sorgen so für die Verbreitung der Samen.

Die Klette kommt häufig an Wegrändern und auf Schuttplätzen vor.

Die Klette wird 50 bis 150 cm hoch.

Die Klette blüht von Juli bis September.

| Jan | Feb | Mär | Apr | Mai | Jun | Jul | Aug | Sep | Okt | Nov | D |

Die Kratzdistel

Die purpurfarbenen Blüten der Kratzdistel stehen in einem Körbchen zusammen. Später bilden sich Früchte, die feine Härchen besitzen. Die Blätter der Pflanze dienen der Abwehr: Ihre gezähnten Ränder laufen in einem langen gelben Dorn aus und stechen unangenehm.

Schau genau!

Für die Raupen des Distelfalters gehört die Kratzdistel zu den Futterpflanzen. Die Raupen sitzen in einem Gespinst zwischen Stängel und Blattansatz oder in einzeln zusammengesponnenen Blättern. In ihrem Schutz können sie in Ruhe fressen, bis sie sich verpuppen. Aus der Puppe schlüpft später der Falter.

Stängel mit Stacheln und wolligen Haaren

Die Kratzdistel wächst an Wegrainen, Böschungen, auf Waldlichtungen, Weideplätzen, Brachflächen, Schuttplätzen und an Ufern. Helle Plätze und nährstoffreiche Böden sind ihr am liebsten.

Die Kratzdistel wird 60 bis 120 cm hoch.

Die Kratzdistel blüht von Juli bis September.

| n | Feb | Mär | Apr | Mai | Jun | Jul | Aug | Sep | Okt | Nov | Dez |

Der Wiesen-Sauerampfer

Die Blütenstände des Sauerampfers bringen in das Grün
der Gräser einen rötlichen
Farbton. Die winzigen Blüten
stehen in blattlosen Blütenständen dicht beisammen. Der
Wind verbreitet den Blütenstaub.
Jede Pflanze produziert über 100 Millionen
Pollenkörner – zum Kummer vieler Allergiker.

Wichtig zu wissen!

Die Blätter des Sauer-
ampfers, die nur im
unteren Teil der Pflanze
wachsen, werden
manchmal mit ande-
ren Wildpflanzen als
Salatbeigabe genutzt.
Sie schmecken säuerlich.
Doch Vorsicht! Zu viel
Sauerampfer ist schädlich
und macht krank.

rötliche Blüten

Den Wiesen-
Sauerampfer kannst du
überall auf Grünflächen
finden.

**Die Blätter des Sauerampfers
sind essbar – aber zu viel
davon ist schädlich!**

**Blätter umfassen
den Stängel** ....

Der Wiesen-Sauerampfer wird 30 bis 100 cm hoch.

Der Wiesen-Sauerampfer blüht von Mai bis Juli.

| Jan | Feb | Mär | Apr | Mai | Jun | Jul | Aug | Sep | Okt | Nov | De |

Der Echte Baldrian

Der Blütenstand des Baldrians erinnert an den Blütenstand der Doldengewächse, zum Beispiel der Wilden Möhre. Die Stiele der Blüten gehen aber nicht von einem gemeinsamen Punkt aus, sondern von verschiedenen Stellen am Stängel. Schon seit Jahrhunderten kennt man den Baldrian als nützliche **Heilpflanze**. Seine Inhaltsstoffe wirken beruhigend.

rosafarbene Blüten

gefurchter Stängel

gefiedertes Blatt

Mach mit!

Ziehe einen Trieb des Baldrians etwas aus der Erde und trenne ihn ab. Reibe den weißen, unterirdischen Teil zwischen den Fingern. Wonach riecht er? Vergleiche ihn mit dem Geruch der Baldriantinktur aus eurer Hausapotheke!

Die Wurzel wird noch immer als Heilmittel verwendet.

Den Baldrian findest du an Gräben, Bächen und Flüssen, aber auch an vielen anderen feuchten Stellen.

Der Echte Baldrian wird 50 bis 150 cm hoch.

Der Echte Baldrian blüht von Juni bis August.

n	Feb	Mär	Apr	Mai	Jun	Jul	Aug	Sep	Okt	Nov	Dez

Der Vogel-Knöterich

Unscheinbar sieht er aus, der Vogel-Knöterich. Sein Stängel „kriecht" meist am Boden entlang. Von ihm zweigen Blütenäste ab. Seine Blüten sind grünlich bis rosa und nur 2 bis 3 mm lang. Da die Blüten keinen Nektar produzieren, werden sie auch nicht von Insekten besucht, sondern bestäuben sich selbst.

Wichtig zu wissen!

Der Vogel-Knöterich heißt so, weil Vögel wie Spatzen gerne seine Früchte fressen. Doch nicht nur Vögel verbreiten seine Samen. Die Früchte haften auch gut an Schuhsohlen und werden so von uns entlang der Wege verteilt.

Blütenast ......

kriechender Stängel

Schau dich um, der Vogel-Knöterich fällt zwar nicht besonders auf, aber da er eine Pionierpflanze ist, kannst du ihn an vielen, oft wenig bewachsenen Stellen entdecken: an Wegrändern, zwischen Pflastersteinen, auf Schutt- und Kiesplätzen, auf dem Acker und auf Wegen.

Der Vogel-Knöterich wird 5 bis 50 cm lang.

Der Vogel-Knöterich blüht von Mai bis November.

| Jan | Feb | Mär | Apr | Mai | Jun | Jul | Aug | Sep | Okt | Nov | D |

Die Wasser-Minze

Die Wasser-Minze erkennst du vor allem an ihrem intensiven Duft. Der kommt aus den grünen Laubblättern, die besonders stark riechende Öle enthalten. Die einzelnen rotvioletten Blütchen bilden dichte rundliche Blütenstände. Sie sitzen an der Spitze der Pflanze und auf ihren Seitentrieben.

Blütenstand aus vielen Einzelblüten

Mach mit!

Aus den grünen Blättern der Wasser-Minze kannst du einen leckeren Tee zubereiten: Übergieße die frischen oder getrockneten Blätter mit kochendem Wasser. Lasse diesen Tee etwas ziehen und süße ihn nach deinem Geschmack mit Honig oder Zucker.

Wasser-Minzentee selbst gemacht – hmm, der schmeckt!

Wie der Name schon sagt, findest du die Wasser-Minze vor allem an feuchten Orten wie zum Beispiel an Bächen und Gräben.

Die Wasser-Minze wird 20 bis 90 cm hoch.

Die Wasser-Minze blüht von Juli bis Oktober.

| Feb | Mär | Apr | Mai | Jun | Jul | Aug | Sep | Okt | Nov | Dez |

Der Stinkende Storchschnabel

Den Stinkenden Storchschnabel kann man gut erkennen: Er hat auf jedem seiner fünf Blütenblätter drei Längsstreifen. Zudem macht der unangenehme Geruch das Kraut unverwechselbar.

Blüte

fiederspaltiges Blatt

Frucht

Der Stinkende Storchschnabel kommt in den unterschiedlichsten Lebensräumen vor. Ursprünglich lebte er in Laubwäldern, wächst heute aber auch im Schotter von Straßenrändern und auf Schuttplätzen. Er wird mit Licht ebenso wie mit Schatten fertig und kommt mit Hitze so gut zurecht wie mit Kälte. Er besiedelt Waldböden, aber auch Mauern und Felsen. Er ist ein „Allerweltskerl".

Erstaunlich!

Die lange, schnabelartige Frucht erinnert an den Schnabel eines Storches (daher der Name). Trocknet die Frucht aus, lösen sich die fünf äußeren Klappen von der Mittelsäule und schleudern je einen Samen bis zu fünf Meter weit davon. So haben die Jungpflanzen genügend Abstand voneinander.

Die Frucht sieht dem Schnabel eines Storchs ähnlich.

Der Stinkende Storchschnabel wird 20 bis 50 cm hoch.

Der Stinkende Storchschnabel blüht von April bis November.

| Jan | Feb | Mär | Apr | Mai | Jun | Jul | Aug | Sep | Okt | Nov | D |

Der Wiesen-Storchschnabel

Den Wiesen-Storchschnabel kannst du auf einer Wiese nicht übersehen. Die hellblauen bis hellvioletten Blüten der kräftigen Pflanze stehen immer paarweise zusammen. Sie überragen die Blätter und ihr Nektar und ihr Pollen sind eine wichtige Nahrung für Bienen und Schwebfliegen. Ist die schnabelförmige Frucht reif, schleudert sie die Samen bis zu 2 m weit.

meist 2 Blüten auf 1 Stiel

Schau genau!

Beobachte die Pflanze über den Tag. Sie kann ihre Blätter optimal zur Sonne ausrichten. Auch die Blütenstiele sind beweglich. Am Abend oder bei feuchtem regnerischem Wetter neigen sich die Blütenstiele nach unten, um den Nektar und die Pollen vor Feuchtigkeit zu schützen. Im Licht und Sonnenschein strecken sich die Stiele nach oben.

Mach mit!

Schneide die welken Blüten der Geranie auf dem Balkon nicht ab. Siehst du den Schnabel, der sich bei der Fruchtreife bildet? Ganz klar, Geranien gehören zu den Storchschnabelgewächsen.

Der Wiesen-Storchschnabel wächst auf nährstoffreichen, meist kalkhaltigen Wiesen, aber auch an Grabenrändern und Böschungen.

Blätter handförmig, behaart, 7-teilig, tief eingesägt

Der Wiesen-Storchschnabel wird 20 bis 60 cm hoch.

Der Wiesen-Storchschnabel blüht von Juni bis August.

	Feb	Mär	Apr	Mai	Jun	Jul	Aug	Sep	Okt	Nov	Dez

Die wilden Veilchen

Es gibt mehrere Veilchen-Arten, die einander sehr ähnlich sind. Ihre Blüten sind „veilchenblau" und haben zwei nach oben und drei nach unten gerichtete Blütenblätter. Während das März-Veilchen angenehm duftet, sind die anderen duftlos.

Zwei Blütenblätter zeigen nach oben …

Sporn

… drei nach unten.

Unterirdische Ausläufer sorgen für die Verbreitung.

Das Wald-Veilchen wächst in Laubwäldern, das März-Veilchen meistens in Hecken.

Erstaunlich!

Der Nektar des Wald-Veilchens befindet sich im Sporn. Nur die Insekten, die einen langen Saugrüssel haben, können davon trinken. Damit die Blütenbesucher die süße Kost leichter finden, zeigen ihnen feine dunkle Linien auf der Innenseite der Blüten den Weg.

Im Sporn der Blüte (im Foto links unten) befindet sich der Nektar.

Die wilden Veilchen werden 5 bis 20 cm hoch.

Die wilden Veilchen blühen von März bis Mai.

☠ Das Leberblümchen

Diese Pflanze erkennst du an ihren sternförmigen blauen Blüten. Die dunkelgrünen Blätter sind sehr fest und fühlen sich fast so an wie Leder. Das Leberblümchen behält auch über den Winter seine Blätter, die sich dann allerdings oft bräunlich verfärben.

sternförmige Blüte ·············

Finger weg!

Kaum zu glauben, aber auch das kleine Leberblümchen ist giftig. Also Finger weg! Schau mal – die Form seiner Blätter erinnert ein wenig an die Gestalt der menschlichen Leber. So kam diese Blume zu ihrem Namen.

Das Leberblümchen ist wunderschön und streng geschützt.

············· leberförmiges
Blatt

Das Leberblümchen findest du in Laubwäldern. Doch du musst genau hinschauen: Zwischen dem braunen Laub ist es leicht zu übersehen.

Das Leberblümchen wird 5 bis 15 cm hoch.

Das Leberblümchen blüht von März bis Mai.

Feb	Mär	Apr	Mai	Jun	Jul	Aug	Sep	Okt	Nov	Dez

☠ Der Hohle Lerchensporn

Die 10 bis 20 weißen oder blaulila Blüten des Hohlen Lerchensporns stehen am Blütenstiel in einer Traube zusammen. Sie haben einen langen Sporn. Am Stängel sitzen zwei lang gespornte blaugrüne Blätter.

Langrüsselige Hummeln und Bienen kommen am besten an den Nektar dieser Blüten. Manche kurzrüsseligen Insekten beißen dagegen einfach ein Loch in den Sporn und lecken den Nektar auf.

Finger weg!
Der Hohle Lerchensporn ist giftig, wobei die hohle Knolle das meiste Gift enthält. Es hält Fressfeinde wie Wildschweine fern.

Da der Hohle Lerchensporn zu den Frühblühern zählt, kannst du ihn leicht im Frühjahr im Wald entdecken. Er wächst in Buchen- und Auwäldern, aber auch Obstgärten, am besten auf feuchten, kalkhaltigen, nährstoffreichen, lehmigen Böden.

Der Hohle Lerchensporn wird 15 bis 30 cm hoch.

Der Hohle Lerchensporn blüht von März bis Mai.

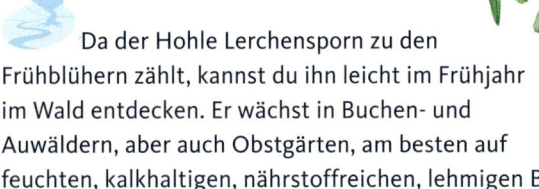

| Jan | Feb | Mär | Apr | Mai | Jun | Jul | Aug | Sep | Okt | Nov |

Der Große Wiesenknopf

Blütenköpfchen aus bis zu 40 Einzelblüten

Den Großen Wiesenknopf kannst du sofort erkennen. Auf kahlen langen Stängeln sitzen rotbraune 1 bis 3 cm lange eiförmige oder kugelige Blütenköpfchen. Sie heben sich farblich deutlich von der Wiese ab. Die grasgrünen Blätter sind gefiedert und haben Zähnchen am Rand.

Teilblättchen gestielt

Kleiner Wiesenknopf (Pimpernell) mit grünlichem Blütenköpfchen

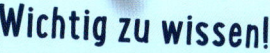

Wichtig zu wissen!

Der Große Wiesenknopf ist ein altes Heilkraut. Er soll eine blutstillende, entzündungshemmende Wirkung haben und auch gegen Durchfall helfen. Für tolle Soßen oder in der Kräuterbutter eignen sich junge Blätter des Kleinen Wiesenknopfs. Sie haben einen gurkenähnlichen, leicht bitteren Geschmack.

Der auffällige Große Wiesenknopf wächst oft auf feuchten Wiesen, auch nahe von Bachläufen und auf Moor- und Bergwiesen.

Der Große Wiesenknopf wird 30 bis 150 cm hoch.

Der Große Wiesenknopf blüht von Juni bis September.

Feb	Mär	Apr	Mai	Jun	Jul	Aug	Sep	Okt	Nov	Dez

Die Wiesen-Glockenblume

Die Wiesen-Glockenblume erkennst du an ihren blauvioletten Blüten, die sich an den Spitzen der Seitentriebe befinden. Die Blüten sind nur tagsüber bei schönem Wetter geöffnet. Sie locken Bienen und Hummeln an, die es auf den Nektar tief in der Blüte abgesehen haben.

Schau genau!

Wildbienen und Hummeln besuchen die Glockenblumen aber nicht nur, um Nektar zu sammeln. Die bauchigen Blüten werden gerne als Schlafplatz für die Nacht genutzt. Gehe an einem lauen Sommerabend einmal hinaus auf eine Wiese, vielleicht kannst du ein verschlafenes Bienchen sehen?

Diese Wildbiene hat sich zum Schlafen in der Blüte zusammengerollt.

Die Blütenblätter sind miteinander verwachsen.

Vor allem auf Wiesen und an Wegrändern findest du die Wiesen-Glockenblume und ihre zahlreichen Verwandten. Du kannst die schönen Blumen aber auch manchmal in Gärten sehen.

 Die Wiesen-Glockenblume wird 20 bis 50 cm hoch.

Die Wiesen-Glockenblume blüht von Mai bis Juli.

Das Wiesen-Schaumkraut

Mit seinen vier Blütenblättern ist das Wiesen-Schaumkraut ein typischer Vertreter der Familie der **Kreuzblütler**. Die Laubblätter stehen in einer Rosette am Boden.

Blüte mit vier Kronblättern

Mach mit!

Werde Blumenforscher: Suche Wiesen, Weiden oder Rasenflächen, auf denen Wiesen-Schaumkraut wächst. Findest du heraus, wo es besonders häufig wächst und was diese Orte auszeichnet? Mit dem Schaum an Blüten und Stängeln hat das übrigens nichts zu tun. Darin finden die Larven der Schaumzikade Schutz vor hungrigen Vögeln – ebenso wie bei der Kuckucks-Lichtnelke.

Das Wiesen-Schaumkraut ist auf manchen Wiesen sehr häufig.

Während einige Wiesen voller Wiesen-Schaumkraut sind, kommt es auf anderen Wiesen ausgesprochen selten vor. Das hängt davon ab, ob die Wiese feucht genug ist und ob sie häufig gemäht oder gedüngt wird.

Blätter am Stängel schmal

Das Wiesen-Schaumkraut wird 20 bis 40 cm hoch.

Das Wiesen-Schaumkraut blüht von April bis November.

Die Kornblume

Bei der Kornblume fallen die äußeren blauen Blüten auf, die wie ein Strahlenkranz aussehen. Doch es handelt sich dabei nur um sogenannte **„Scheinblüten"**. Sie sollen nektarsuchende Insekten anlocken. Die eigentlichen Blüten sitzen in der Mitte dicht gedrängt im Blütenkörbchen.

Wichtig zu wissen!

Heute sind Kornblumen selten. Warum? Inzwischen wird das Getreidesaatgut säuberlich von allen Wildblumensamen gereinigt. Die Getreidefelder werden zusätzlich mit chemischen Stoffen behandelt, die Wildkräuter wie die Kornblume gar nicht erst groß werden lassen.

Die Scheinblüten bilden den Strahlenkranz.

Blütenkörbchen

Bunte Feldblumen auf einer Blumenwiese: Klatschmohn, Margerite und Kornblume

Früher gab es in Getreidefeldern auch immer Kornblumen. Doch heute findest du sie dort nur noch selten. Dafür sieht man diese wunderschönen blauen Blumen immer häufiger in Gärten und Parkanlagen, wo sie ausgesät werden.

Die Kornblume wird 20 bis 90 cm hoch.

Die Kornblume blüht von Juni bis September.

| Jan | Feb | Mär | Apr | Mai | Jun | Jul | Aug | Sep | Okt | Nov | Dez |

Die Wegwarte

Besonders schön sind die himmelblauen Blüten der Wegwarte. Ähnlich wie beim Löwenzahn sitzen auch bei ihr viele kleine Einzelblüten in einem Körbchen. Alte Erzählungen beschreiben diese Blumen als traurige Augen eines jungen Burgfräuleins, das am Wegesrand auf ihren Geliebten wartet. Siehst du eine Ähnlichkeit?

Schau genau!

Wenn du eine Wegwarte findest, besuche sie regelmäßig zu verschiedenen Tageszeiten. Dann kannst du beobachten, dass sich die Blüten bei schönem Wetter gegen neun Uhr morgens öffnen und sich bereits mittags wieder schließen.

Die Blüten der Wegwarte sind nur in der ersten Hälfte des Tages geöffnet.

Wo du die Wegwarte finden kannst, verrät dir schon ihr Name: Sie wächst vor allem an Weg- und Straßenrändern. Du kannst sie aber auch auf Viehweiden finden.

Die Wegwarte wird 20 bis 120 cm hoch.

Die Wegwarte blüht von Juli bis September.

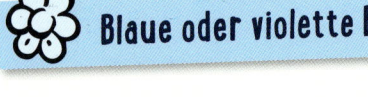
Der Wiesen-Salbei

Immer vier bis acht blaue Blüten stehen in
Kreisen um den Stängel herum. Jede einzelne
Blüte sieht aus wie ein aufgerissenes Maul
mit Ober- und Unterlippe. Die Blütenform
erinnert an die Blüten der Taubnessel.

**Einzelblüte
mit Ober- und
Unterlippe**

Mach mit!

**Mit diesem kleinen Experiment
kannst du beobachten, was
passiert, wenn eine Hummel
eine Blüte besucht. Berühre
den Rachen der Blüte vorsichtig
mit einem spitzen Stift. Jetzt
kannst du sehen, wie sich die
Staubbeutel herabneigen. In
dieser Stellung würden sie den
Rücken einer Hummel
berühren.**

Staubbeutel

**vierkantiger
Stängel**

**Die Hummel wird
beim Nektarnaschen mit dem
Staubbeutel bepudert. So trägt
sie den Blütenstaub als blinden
Passagier zur nächsten Blüte.**

Den Wiesen-Salbei entdeckst
du auf Wiesen, an Wegrändern und
Böschungen. Er wächst am liebsten
auf steinigen Böden.

Der Wiesen-Salbei wird 30 bis 60 cm hoch.

Der Wiesen-Salbei blüht von April bis August.

Die Vogelwicke

Zahlreiche violette Blüten, die dicht beisammen-stehen und in dieselbe Richtung blicken, machen die Vogelwicke leicht erkennbar. Auffällig sind auch die gefiederten Blätter, an deren Spitze sich eine **Ranke** befindet. Diese krümmt sich, sobald sie auf einen Halm stößt, um den sie sich wickeln kann.

Schau genau!

Klebe einzelne Blütchen auf ein Blatt Papier. Mit etwas Fantasie kannst du im Umriss jeder Blüte ein Vögelchen erkennen. Ob allerdings die Vogelwicke nach diesen Vögelchen benannt ist, ist nicht klar. Vielleicht fressen die Vögel auch nur die Samen besonders gern.

einzelne
Blüte

Ranke

gefiedertes
Blatt mit Ranke

Die Vogelwicke ist überall weit verbreitet und kommt außer auf Wiesen auch auf Feldern, in Hecken und Gebüschen vor.

Die Vogelwicke wird 30 bis 100 cm hoch.

Die Vogelwicke blüht von Juni bis August.

| Feb | Mär | Apr | Mai | Jun | Jul | Aug | Sep | Okt | Nov | Dez |

Das Lungenkraut

Du findest auf einem Blütenstängel des Lungenkrauts nebeneinander sowohl hellrosa als auch blau-violette Blüten. Die grünen Laubblätter sind rau behaart und manchmal hell getupft.

··········· **ältere Blüte**

················ **junge Blüte**

Erstaunlich!

Die verschiedenfarbigen Blüten erleichtern Insekten die Suche nach Nektar: Die helleren rosafarbenen Blüten sind gerade erst aufgeblüht. Hier findet eine durstige Hummel bestimmt noch viel Nektar. Die dunkleren violetten Blüten dagegen sind schon länger geöffnet. Hier gibt es wahrscheinlich kaum noch Nektar, weil schon viele hungrige Insekten ihren Appetit daran gestillt haben.

behaarte Blätter

Die rosa Blüten sind die jüngeren.

Das Lungenkraut wächst zusammen mit anderen früh blühenden Pflanzen in Buchen- und Eichenwäldern.

Das Lungenkraut wird 10 bis 30 cm hoch.

Das Lungenkraut blüht von März bis Mai.

| Jan | Feb | Mär | Apr | Mai | Jun | Jul | Aug | Sep | Okt | Nov | D |

Der Gamander-Ehrenpreis

Du kannst den Gamander-Ehrenpreis an seinen vier kleinen tiefblauen Blütenblättern bestimmen. Das untere Blütenblatt ist kleiner als die anderen. Die Blüten sind kurzlebig. Täglich öffnen sich neue Knospen.

Der Gamander-Ehrenpreis wächst sehr zahlreich an Wegrändern, auf Wiesen und an Waldrändern.

Knospen

Blüten

Hier ist die Blütenkrone abgefallen.

Schau genau!

Pflücke einen Stängel und halte ihn gegen das Licht. Wenn du den Stängel langsam zwischen Daumen und Zeigefinger drehst, fühlst und siehst du an zwei Seiten des Stängels feine Härchenreihen. An diesen Härchenreihen kannst du den Gamander-Ehrenpreis von seinen Verwandten unterscheiden.

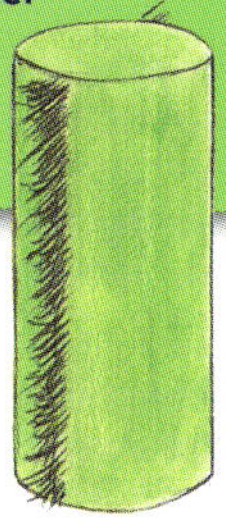

Am Stängel sitzen auf zwei Seiten feine Härchen.

Der Gamander-Ehrenpreis wird 10 bis 30 cm hoch.

Der Gamander-Ehrenpreis blüht von April bis Juni.

| Feb | Mär | Apr | Mai | Jun | Jul | Aug | Sep | Okt | Nov | Dez |

Das Wald-Vergissmeinnicht

Das Wald-Vergissmeinnicht erkennst du gut an seinen Blüten. Die Knospen sind rötlich, die Blüte ist später himmelblau. In der Blütenmitte sitzt ein gelber Ring. Die unteren Blätter bilden eine Rosette und sind gestielt, die oberen Blätter sitzen dagegen direkt am Stängel und sind wechselständig.

Stängel
abstehend,
behaart

Wichtig zu wissen!

Das Wald-Vergissmeinnicht hat die kleinsten Pollenkörner unserer heimischen Blütenpflanzen. Sie haben einen Durchmesser von ca. 0,005 mm. Meist werden so winzige Pollen mit dem Wind auf die nächsten Blüten transportiert, um sie zu bestäuben. Beim Vergissmeinnicht sind dafür aber Insekten zuständig.

Das Wald-Vergissmeinnicht ist in Europa weitverbreitet. Seine himmelblauen Blüten leuchten dir an Wald- und Wegrändern sowie auf Waldlichtungen entgegen. Es wächst auf nährstoffreichen, feuchten, lockeren Böden.

Das Wald-Vergissmeinnicht wird 15 bis 45 cm hoch.

Das Wald-Vergissmeinnicht blüht von Mai bis Juli.

Der Natternkopf

Von seinen schlangenartig geformten Blütenständen und den wie eine Schlangenzunge heraushängenden Staubgefäßen könnte der Natternkopf seinen Namen haben. Die Blüten sind als Knospen rot und werden beim Aufgehen rosa, später blau. Der Nektar ist sehr zuckerhaltig. Deshalb kommen Bienen, Schwebfliegen und vor allem auch Falter gerne zu Besuch. Stängel und Blätter sind borstig behaart.

Erstaunlich!

Damit der Natternkopf an seinen trockenen Standorten überleben kann, hat er eine lange Pfahlwurzel. An seinen borstigen Haaren setzt sich Tau ab, der zusätzlich Feuchtigkeit bringt. Außerdem schützen sie vor Fressfeinden.

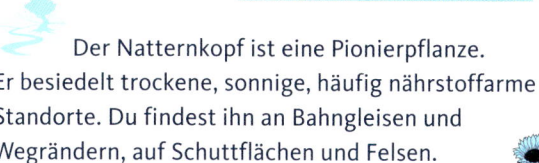

Die Blätter sind wie eine Lanzenspitze geformt.

Der Natternkopf ist eine Pionierpflanze. Er besiedelt trockene, sonnige, häufig nährstoffarme Standorte. Du findest ihn an Bahngleisen und Wegrändern, auf Schuttflächen und Felsen.

Der Natternkopf wird 25 bis 100 cm hoch.

Der Natternkopf blüht von Mai bis September.

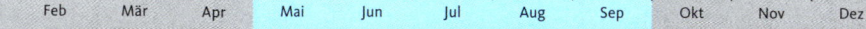

| Feb | Mär | Apr | Mai | Jun | Jul | Aug | Sep | Okt | Nov | Dez |

Der Blut-Weiderich

An seinen langen, ährenartigen Blütenständen, die voller violetter Blüten sind, ist der Blut-Weiderich gut zu erkennen. Die Blätter sitzen als Quirl zu zweit oder zu dritt gegenüber am Stängel. Sie sind wie eine Lanzenspitze geformt.

Erstaunlich!

Viele Pflanzen wurden aus anderen Ländern zu uns gebracht, so etwa die Kanadische Goldrute oder das Drüsige Springkraut. Der Blut-Weiderich dagegen wurde als Garten- und Heilpflanze nach Nordamerika eingeführt und hat sich dort rasch verbreitet.

Der Blut-Weiderich wächst gern an Ufern von Seen und Weihern, Flüssen, Bächen und Kanälen. Auch auf nassen Wiesen und in Gräben kannst du ihn finden. Er braucht feuchte, nährstoffreiche, kalkhaltige Lehmböden.

4-kantiger Stängel

Der Blut-Weiderich wird 50 bis 100 cm hoch.

Der Blut-Weiderich blüht von Juli bis September.

Jan | Feb | Mär | Apr | Mai | Jun | Jul | Aug | Sep | Okt | Nov | D

Das Gefleckte Knabenkraut

Den ährenartigen Blütenstand voller wunderschöner Blüten kannst du nicht übersehen. Die Blütenfarbe reicht von dunkelviolett über blassviolett bis weiß. Von den dunklen Flecken auf den wie eine Lanzenspitze geformten Blättern hat das Knabenkraut seinen Namen. Es ist eine Orchideenart und wie auch andere Orchideen geschützt.

Lippe mit dunkelroten Ornamenten

pantoffelähnliche Lippe

Schau genau!

Die prächtigste Orchidee, die es bei uns gibt, ist der Gelbe Frauenschuh. Er ist heutzutage leider selten und deshalb streng geschützt. Die Blüte ist eine Kesselfalle. Insekten rutschen auf der Suche nach Nektar in die pantoffelähnliche Lippe und können nur hinten durch eine enge Öffnung entkommen. Dabei werden sie mit Pollen beladen und tragen ihn dann zur nächsten Blüte.

Auf feuchtem Magerrasen, in Nieder- oder Heidemooren, in lichten Wäldern und auf Bergwiesen kannst du das Gefleckte Knabenkraut finden.

Das Gefleckte Knabenkraut wird 10 bis 60 cm hoch.

Das Gefleckte Knabenkraut blüht von Mai bis August.

Feb   Mär   Apr   Mai   Jun   Jul   Aug   Sep   Okt   Nov   Dez

Der Stängellose Enzian

Dieser Enzian hat große blaue Blüten, die an einem sehr kurzen Stiel sitzen. Die grünen länglichen Laubblätter liegen kreisförmig um den Stiel auf dem Boden.

Die Alpen sind das Zuhause des Stängellosen Enzians.

Die Blätter liegen auf dem Boden.

kurzer Stiel

Die Heimat des Stängellosen Enzians sind die Alpen. Dort kannst du ihn auf Gebirgsrasen und zwischen Geröll und Steinen finden. Doch er ist leider inzwischen sehr selten geworden und streng geschützt.

Wichtig zu wissen!

Auf der ganzen Welt gibt es rund 500 Verwandte des Stängellosen Enzians. Aber nur 22 davon wachsen bei uns. Die meisten findest du in den Alpen, einige aber auch in den Mittelgebirgen. Wenn du einen entdeckst, darfst du ihn nicht pflücken, denn diese Pflanzen stehen unter Naturschutz!

Der Stängellose Enzian wird 5 bis 10 cm hoch.

Der Stängellose Enzian blüht von Mai bis August.

Der Frauenmantel

Du kannst den Frauenmantel an seinen rundlichen, grünen Blättern leicht erkennen. Die hellgrünen Blüten sind dagegen sehr unscheinbar. Seinen Namen hat der Frauenmantel von der Form seiner Blätter. Sie erinnern ja wirklich ein wenig an einen Mantel, oder?

hellgrüne Blüten

Blatt in Mantelform

Schau genau!

Die Blätter des Frauenmantels bieten dir bei feuchter Luft morgens einen wunderschönen Anblick: Kleine Wasserperlen zieren in gleichmäßigen Abständen dann die Zähnchen an den Blatträndern. Die Tröpfchen sind Wasser, das der Frauenmantel abgibt, das aber in der feuchten Luft nicht sofort verdunstet.

Die Wassertröpfchen am Blattrand des Frauenmantels sehen aus wie kleine Perlen.

Der Frauenmantel wächst auf Wiesen, in Wäldern, an Gräben und Böschungen. Im Bergland ist er besonders weit verbreitet.

Der Frauenmantel wird 10 bis 40 cm hoch.

Der Frauenmantel blüht von Mai bis September.

| Feb | Mär | Apr | Mai | Jun | Jul | Aug | Sep | Okt | Nov | Dez |

☠ Der Aronstab

Den giftigen Aronstab erkennst du an seiner auffälligen Gestalt: ein einzelnes großes, hellgrünes Blatt, das an eine Tüte erinnert, und ein einzelner braunroter Kolben, der daraus hervorschaut. Wenn der Aronstab Früchte trägt, sieht er jedoch völlig anders aus. Dann bleibt nur noch ein dicker grüner Stängel, an dessen Spitze giftige rote Beeren sitzen.

braunroter Kolben

Der Kessel wird zur Insektenfalle.

Finger weg!

Der Aronstab ist sehr giftig, vor allem seine roten Beeren! Also Finger weg! – Wusstest du übrigens, dass die Pflanze einen Trick benutzt, um ihren Blütenstaub zu verteilen? Kleine Insekten, die durch den Geruch des Kolbens angelockt werden, rutschen an dem großen Blatt herunter. Sie landen im pollenreichen Kessel. Heraus können die Tiere erst wieder, wenn der Aronstab verwelkt ist.

Die giftigen roten Beeren erscheinen im Spätsommer.

Du findest den Aronstab vor allem in Laubwäldern und Gebüschen. Er ist selten und daher geschützt.

Der Aronstab wird 10 bis 40 cm hoch.

Der Aronstab blüht von April bis Juni.

| Jan | Feb | Mär | Apr | Mai | Jun | Jul | Aug | Sep | Okt | Nov | D |

Die Brennnessel

Diese Pflanze kennst du bestimmt! Fast jeder hat schon einmal eine unangenehme Erfahrung mit ihren „brennenden" Blättern gemacht. Doch wusstest du, dass diese Pflanze die wichtigste **Futterpflanze** für die Raupen des Tagpfauenauges ist? Ohne Brennnesseln gäbe es diesen wunderschönen Schmetterling nicht.

Es stehen sich immer zwei Blätter gegenüber.

viele winzige, unscheinbare Blüten

Schau genau!

Schon mit bloßem Auge kannst du auf den Blättern feine Härchen sehen. Das sind die sogenannten Brennhaare. Mit einer Lupe kannst du sogar genau beobachten, was passiert, wenn du mit einem Stift an die Härchen stößt. Die winzigen Köpfchen brechen ab und aus den starren Haaren tritt der Brennsaft aus.

So sieht ein Brennhaar vergrößert aus.

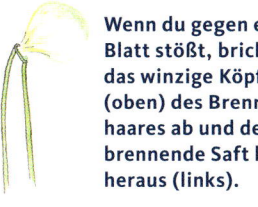

Wenn du gegen ein Blatt stößt, bricht das winzige Köpfchen (oben) des Brennhaares ab und der brennende Saft läuft heraus (links).

Die Brennnessel wächst an Wald- und Wegrändern, aber sie breitet sich auch in der Stadt, auf Schuttplätzen und ehemaligem Ackerland immer weiter aus.

Die Brennnessel wird 30 bis 150 cm hoch.

Die Brennnessel blüht von Juni bis Oktober.

n	Feb	Mär	Apr	Mai	Jun	Jul	Aug	Sep	Okt	Nov	Dez

Die Tollkirsche

Die Blüten der Tollkirsche sind grün-violett und hängen wie Glöckchen herab. Doch viel auffälliger sind die glänzenden schwarzen Beeren. Diese Pflanze solltest du unbedingt kennen. Sie ist die giftigste unserer heimischen Pflanzen. Alles an ihr ist giftig, daher solltest du sie auf gar keinen Fall anfassen!

Beere

Blüte

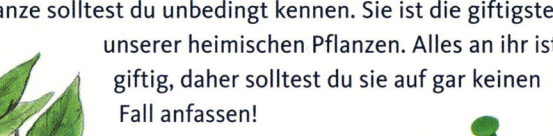

Finger weg!

Die Beeren der Tollkirsche sind besonders heimtückisch, denn sie sehen so verlockend aus und schmecken nicht mal unangenehm. Doch du darfst sie auf gar keinen Fall probieren! Schon wenige Beeren haben eine tödliche Wirkung! Nur der Notarzt kann vielleicht noch helfen.

Vorsicht! Die schwarzen Beeren der Tollkirsche sind tödlich giftig!

Die Tollkirsche wächst vor allem auf Waldlichtungen und an Waldrändern. Sie ist eine geschützte Art.

Die Tollkirsche wird 50 bis 150 cm hoch.

Die Tollkirsche blüht von Juni bis August.

| Jan | Feb | Mär | Apr | Mai | Jun | Jul | Aug | Sep | Okt | Nov | D |

Der Beifuß

Die Blüten des Beifuß sind sehr klein und unscheinbar. Die Blätter sind tief geteilt, oben dunkelgrün und unten weißfilzig. Der kantige Stängel wirkt oft rötlich. Der Beifuß enthält Stoffe, die schon seit Generationen dafür bekannt sind, dass sie nach einer üppigen Fleischmahlzeit Magen und Darm entlasten.

unscheinbare Blüte

Die weit verbreitete Staude wächst auf Schutthalden, an Wegrändern und im Industriegelände.

tief geteiltes Blatt

Mach mit!

Suche den Beifuß an einem sauberen Standort. Bevor sich die winzigen Blütenkörbchen öffnen, streife von der Stängelspitze einige Hände voll ab. Lege die Blütenknospen auf ein Blatt mit Küchenkrepp und lasse sie an der Sonne oder im Heizungskeller trocknen. Den Beifuß kannst du zu Fleischgerichten als Gewürz verwenden. Leider gehört der Beifuß zu den Pflanzen, deren Pollen in der Luft Allergien auslösen können.

getrockneter Beifuß

Der Beifuß wird 50 bis 150 cm hoch.

Der Beifuß blüht von Juli bis September.

| n | Feb | Mär | Apr | Mai | Jun | Jul | Aug | Sep | Okt | Nov | Dez |

Der Breit-Wegerich

Die Blüten des Breit-Wegerichs sind sehr klein und unscheinbar. Sie sitzen an der Spitze eines Stängels, der keine Blätter hat. Die Blätter liegen dicht über dem Boden. Eine Besonderheit des Breit-Wegerichs sind seine Samen, die bei feuchtem Wetter klebrig werden. Sie haften an Tierpfoten, an Schuhen und sogar Rädern und können auch so weit verbreitet werden.

Wichtig zu wissen!

Der verwandte Spitz-Wegerich wächst auf Weiden, Parkrasen, Ödflächen und Wegen. Er ist eine alte Heilpflanze und hilft als Tee oder Sirup gegen Halsschmerzen und Husten. Ein Brei aus frischen Blättern lindert Insektenstiche und wirkt desinfizierend und heilend bei kleinen Hautverletzungen.

Blütenstand mit vielen winzigen, unscheinbaren Blüten

Blätter mit auffälligen Adern

Du kannst den Breit-Wegerich nahezu überall finden. Er besiedelt Wege und Wiesen, Schotterflächen und sogar Sportplätze.

Der Breit-Wegerich wird 10 bis 30 cm hoch.

Der Breit-Wegerich blüht von Juni bis Oktober.

| Jan | Feb | Mär | Apr | Mai | Jun | Jul | Aug | Sep | Okt | Nov | De |

☠ Die Zypressen-Wolfsmilch

Durch ihren grünlich-gelben Blütenstand und ihre blaugrünen Blätter ist die Zypressen-Wolfsmilch gut von dem Grün der anderen Pflanzen zu unterscheiden. Die nichtblühenden Triebe sehen zypressenähnlich aus. Daher hat die Pflanze ihren Namen. Ihr süß duftender Nektar ist besonders bei Bienen beliebt.

Finger weg!

Fasse auf keinen Fall die Pflanze an. Sie enthält einen stark giftigen Milchsaft, der nicht auf die Haut oder Schleimhaut sowie ins Auge gelangen darf! Er führt zu gefährlichen Entzündungen.

nicht-blühender Seitentrieb

Die Zypressen-Wolfsmilch wächst auf Magerasen, an Böschungen, Wegrändern, trockenen Abhängen und auf Ödflächen. Sie liebt kalkhaltige, trockene Böden.

Erstaunlich!

Trotz ihres giftigen Milchsaftes ist die Zypressen-Wolfsmilch die Hauptfutterpflanze der Raupen des Wolfsmilchschwärmers. Die Raupen kannst du zwischen Juli und September beobachten. Durch das aufgenommene Gift sind die Tiere vor Fressfeinden geschützt.

Die Zypressen-Wolfsmilch wird 15 bis 30 cm hoch.

Die Zypressen-Wolfsmilch blüht von April bis August.

| Jan | Feb | Mär | Apr | Mai | Jun | Jul | Aug | Sep | Okt | Nov | Dez |

Den Bauplan von Blüten durchschauen

Alle Blüten – so unterschiedlich sie auch sind – haben gewisse Gemein-samkeiten: Die Blüten bestehen aus denselben Teilen, die nur immer etwas anders aussehen. Unten siehst du die wichtigsten Teile einer Blüte.

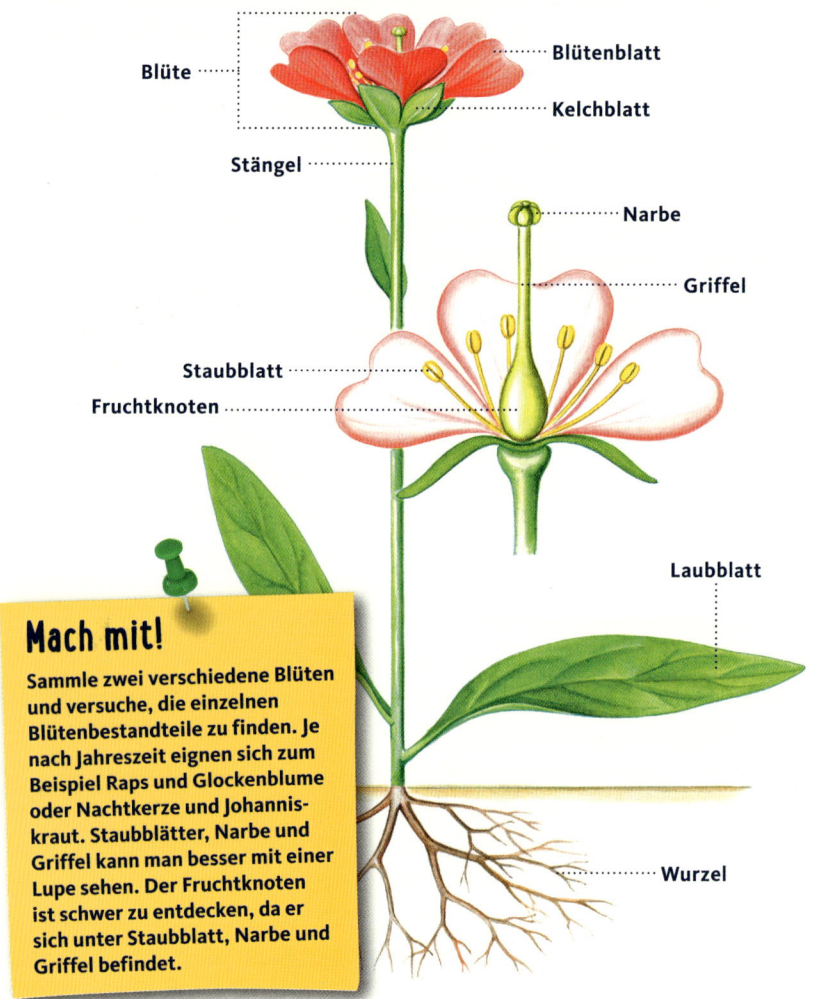

Blüte

Blütenblatt

Kelchblatt

Stängel

Narbe

Griffel

Staubblatt

Fruchtknoten

Laubblatt

Wurzel

Mach mit!

Sammle zwei verschiedene Blüten und versuche, die einzelnen Blütenbestandteile zu finden. Je nach Jahreszeit eignen sich zum Beispiel Raps und Glockenblume oder Nachtkerze und Johannis-kraut. Staubblätter, Narbe und Griffel kann man besser mit einer Lupe sehen. Der Fruchtknoten ist schwer zu entdecken, da er sich unter Staubblatt, Narbe und Griffel befindet.

Im Inneren der Blüte befinden sich die **Staubblätter**. Sie entlassen den Blütenstaub (Pollen). Tragen Insekten oder der Wind den Pollen auf die Narbe einer Blüte derselben Art, gelangt er durch den **Griffel** bis zum **Fruchtknoten**. Dort entwickelt sich die Frucht mit den Samen darin.

Wenn viele kleine Blüten eng zusammenstehen, um gemeinsam Insekten anzulocken, sprechen wir von einem **Blütenstand**:

Staubblätter und Griffel sind bei der Nachtkerze gut erkennbar.

Dolde
(z. B. Primel)

zusammengesetzte Dolde
(z. B. Giersch)

Körbchen
(z. B. Margerite)

Die grünen **Kelchblätter** und die meist farbigen **Blütenblätter** schützen das Innere der Blüte vor Nässe. Sie werden auch Hüllblätter genannt.

Schau genau!

Blüten, die in einem Körbchen zusammenstehen, können am Rand und in der Mitte unterschiedlich sein. Oft sind in der Mitte winzige Röhrenblüten und am Rand größere Zungenblüten wie bei der Margerite. Beim Löwenzahn hat allerdings das ganze Körbchen ausschließlich Zungenblüten.

Röhrenblüte

Zungenblüte

Außer an den Blüten lassen sich viele Pflanzenarten auch an ihren
Laubblättern unterscheiden.

Die meisten Blätter haben
einen Blattstiel, mit dem sie
am Stängel verwachsen sind:

**gestielte Blätter
(z. B. Scharbockskraut)**

Viele sind aber auch
ungestielt:

**ungestielte Blätter
(z. B. Ehrenpreis)**

Viele Blätter sind ungeteilt:

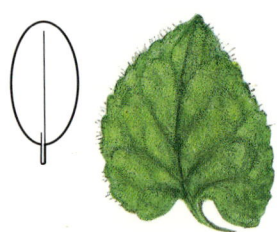

**ungeteilte Blätter
(z. B. Veilchen)**

Andere Blätter sind aus mehreren
Teilblättern zusammengesetzt:

**gefiederte Blätter
(z. B. Vogelwicke)**

Ein weiteres wichtiges Erkennungsmerkmal ist die **Blattform**. Blätter können beispielsweise folgende Formen haben:

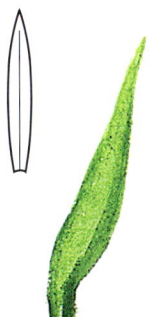

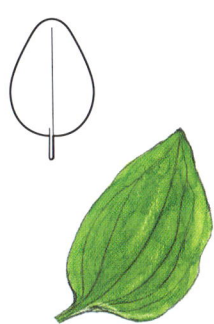

linealisch
(z. B. Wiesen-
Glockenblume)

eiförmig
(z. B. Breit-Wegerich)

handförmig
(z. B. Hahnenfuß)

Auch der **Blattrand** gibt dir oft Hinweise auf die Pflanzenart. Er kann beispielsweise so aussehen:

ganzrandig
(z. B. Sonnenblume)

gesägt
(z. B. Brennnessel)

fiederteilig
(z. B. Schöllkraut)

Dein persönliches Pflanzen-Album

Bei fast jedem Spaziergang findet sich ein kleiner Schatz für zu Hause: ein schön geformter Kieselstein, eine Blume oder eine Feder. Bei trockenem Wetter lohnt es sich, von bestimmten Pflanzenarten etwas abzuschneiden, in einen Plastikbeutel zu legen und zu Hause näher zu betrachten. Das kann sogar der Anfang deiner ganz persönlichen Pflanzensammlung, deines Herbariums, sein.

Dafür nimmst du auf deinem Gang in die Natur am besten eine kleine Schere und einen Plastikbeutel mit (besonders praktisch ist einer, der oben zuzuziehen ist). Schneide zwei bis drei verschiedene Pflanzen vorsichtig ab – so, dass jede ungefähr 30 cm lang ist. Da auch die Blätter wichtig sind, um Pflanzenarten unterscheiden zu können, solltest du sowohl Blüten als auch Blätter sammeln.

Zu Hause breitest du eine Pflanze auf Lösch- oder auf Zeitungspapier aus. Mit weiteren Blättern des saugfähigen Papiers deckst du sie ab. Dann kannst du die zweite Pflanze auflegen und sie ebenfalls mit Lösch- oder Zeitungspapier abdecken. Nun folgt die dritte. Zum Schluss kommen noch

Wichtig zu wissen!

Nicht sammeln darfst du giftige sowie seltene Arten, die unter Naturschutz stehen. Dazu gehören:

- Weiße Seerose
- Stängelloser Enzian
- Königskerze
- Tollkirsche
- Sumpf-Schwertlilie
- Leberblümchen
- Aronstab
- Herbstzeitlose

Die meisten von ihnen kommen auch wegen ihrer Größe oder ihrer Beschaffenheit nicht in Betracht. Sammeln solltest du daher nur Pflanzen, die du kennst oder zuvor bestimmt hast.

reichlich
Zeitungs-
papier
und zum
Beschweren
einige dicke Bücher
auf den Papier- und Pflanzen-
stapel. Lasse das Ganze an einem
trockenen Ort einige Tage stehen.

Das Papier saugt die Feuchtigkeit
auf, die beim Pressen aus den
Pflanzen kommt. Nach zwei Tagen
musst du das Papier austauschen.
Nun ist die beste Gelegenheit,
die noch biegsamen Stängel,
Blätter und Blüten anzuordnen.
Die Stiele sollten möglichst nicht
übereinander liegen, die Blätter nicht
geknickt sein und die Blütenblätter
gut sichtbar. Mit Büchern beschwert,
trocknen die Pflanzen in den nächsten Tagen
und Wochen völlig aus und werden dadurch haltbar.

Wichtig zu wissen!

Besonders gut zum Pressen geeignete
Arten sind:

- Wilde Möhre
- Hirtentäschelkraut
- Sauerklee
- Scharbockskraut
- Vogelwicke
- Stinkender Storchschnabel
- Gänseblümchen
- Weiß-Klee
- Waldmeister
- Sauerampfer
- Frauenmantel

Weniger geeignet sind fleischige Pflanzen
mit dicken Stängeln, Blüten und Knospen.
Enttäuschen werden dich wahrscheinlich
die meisten blauen Blüten: Sie verlieren
beim Pressen leider ihre Farbe.

Waldmeister

Sauerklee

Sauerampfer

Die gepressten Pflanzen kannst du anschließend mit
Klebestreifen auf einzelne Blätter Papier (z. B. DIN-A4)
oder festeren Karton kleben und danach in einem
Ordner sammeln. Zu jeder
Pflanze schreibst du den
Namen der Pflanze, den
Fundort und das Datum, an
dem du sie entdeckt hast.

Mein Pflanzen-Album

Schon ist der erste Baustein für deine ganz persönliche
Pflanzensammlung, für dein Herbarium, gelegt!

Die Ähnlichkeiten verwandter Pflanzen entdecken

Vergleiche die Blütenstände der folgenden vier Arten: **Wiesen-Kerbel, Giersch, Wilde Möhre** und **Riesen-Bärenklau.** Aber Vorsicht: Da der Riesen-Bärenklau gefährliche, stark reizende Stoffe abgibt, darfst du ihn auf keinen Fall berühren!

Die Blütenstiele gehen jeweils von einem Punkt am Stängel aus. Einen solchen Blütenstand nennt man „**Dolde**". Die einzelnen Dolden setzen wiederum an einem gemeinsamen Punkt an. Sie bilden eine weitere „**doppelte**" oder „**zusammengesetzte**" Dolde.

Aufgrund des gleichen Aufbaus der Blüten und des Blütenstands betrachten wir die oben genannten Pflanzen als miteinander verwandt. Sie gehören zur **Pflanzenfamilie** der Doldenblütler.

Giersch

große Teilblätter

fein gegliedertes Blatt

Wiesen-Kerbel

Siehst du genau hin, kannst du die vier Arten dennoch leicht voneinander unterscheiden. Dabei hilft der Bestimmungsschlüssel:

1	Ist die Pflanze viel **größer** als du?	Es ist der Riesen-Bärenklau.
	Ist die Pflanze kleiner als du?	Mach weiter bei 2.
2	Sind die **Blütenstände** (nicht die Einzelblüten) von mehreren Hüllblättern umgeben?	Es ist die Wilde Möhre.
	Haben die Blütenstände kein oder nur ein Hüllblättchen?	Mach weiter bei 3.
3	Sind die **Blätter** in drei bis sechs große Teilblätter gegliedert?	Es ist der Giersch.
	Sind die Blätter sehr fein gegliedert?	Es ist der Wiesen-Kerbel.

Die Arten der Familie der **Doldenblütler** haben fast alle eine zusammengesetzte Dolde. Alle unsere Doldenblütler haben gefiederte Blätter.

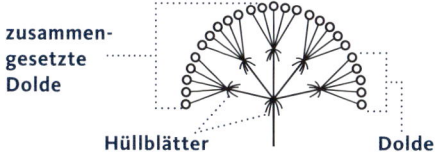

zusammengesetzte Dolde

Hüllblätter **Dolde**

Die größte Pflanzenfamilie der Welt ist die Familie der **Korbblütler**. Bei dieser Familie bilden viele winzig kleine Blüten zusammen einen Blütenstand, der wie ein Körbchen geformt ist. Von weitem scheint es eine einzige große Blüte zu sein. So werden die Insekten besser angelockt. Korbblütler sind zum Beispiel Margerite, Löwenzahn und Sonnenblume.

Röhrenblüte

Zungenblüte

Sonnenblume

Die Familie der **Lippenblütler** erkennst du an den zu einer „Oberlippe" und einer „Unterlippe" verwachsenen Blütenblättern. Ziehst du die Blütenblätter heraus, lösen sie sich im Ganzen, nicht einzeln wie zum Beispiel beim Klatschmohn. Darunter siehst du den Fruchtknoten, der bei den Lippenblütlern viergeteilt ist. Gut zu erkennen ist das bei der Weißen Taubnessel.

Oberlippe

Unterlippe

Weiße Taubnessel

Die Familie der **Kreuzblütler** hat Blüten mit vier Blütenblättern, die über Kreuz angeordnet sind. Die meisten Kreuzblütler haben außerdem vier Staubblätter: zwei längere und zwei kürzere. Am besten kannst du diese Merkmale an den Blüten von Raps und Wiesen-Schaumkraut erkennen.

vier kreuzförmig angeordnete Blütenblätter

Wiesen-Schaumkraut

So erstellst du deinen eigenen Blühkalender

Vielleicht hast du dich schon einmal darauf gefreut, am Muttertag bei einem Spaziergang die schönen Maiglöckchen zu bewundern, und dann bemerkt, dass sie in diesem Jahr noch gar nicht blühen. Vielleicht gab es Anfang Mai nachts sogar noch Frost. Mit anderen Worten: Der Blühbeginn verschiedener Pflanzenarten kann von Jahr zu Jahr unterschiedlich sein. Der Witterungsverlauf in den Wochen zuvor ist dafür in den meisten Fällen verantwortlich.

Für einige Pflanzenarten, denen wir täglich begegnen, notieren wir den Blühbeginn. Damit ist der Tag gemeint, an dem sich die ersten Knospen oder Blütenkörbchen öffnen und erste Blüten voll entwickelt sind. Siehst du im zweiten Jahr, dass zum Beispiel die Schneeglöckchen später blühen, kannst du davon ausgehen, dass auch die Krokusse und Narzissen später kommen werden.

Schneeglöckchen

Zeichne oder kopiere die Tabelle von Seite 85. Trage dann in die linke Spalte die Pflanzenarten ein, die du gut kennst, in deiner Umgebung findest und die du beobachten willst. Die folgenden Spalten sind für den Blühbeginn in diesem Jahr, die weiteren für den Blühbeginn im nächsten und im übernächsten Jahr bestimmt.

Krokus

Innerhalb einer Stadt oder eines Dorfes kann ein und dieselbe Pflanzenart an verschiedenen Stellen ein wenig früher oder später zu blühen beginnen. Das kann auf der Süd- bzw. Nordseite eines Gebäudes der Fall sein, vielfach auch in der Stadt und in der Umgebung. Deshalb gehört im Blühkalender unbedingt auch der Fundort dazu.

Narzisse

Blühkalender von: .... für den Ort:...

	Nordseite	Südseite	Sonne	Schatten	Blühbeginn		
					2012	20...	20...
Pflanzenart:.. Fundort:...							
Pflanzenart:.. Fundort:...							
Pflanzenart:.. Fundort:...							
Pflanzenart:.. Fundort:...							
Pflanzenart:.. Fundort:...							
Pflanzenart:.. Fundort:...							

Muster für ein Protokoll zum Erstellen eines Blühkalenders

Hast du bereits eine Weile den Blühbeginn verschiedener Pflanzen beobachtet und notiert, kannst du einen wunderschönen Kalender damit anfertigen und durch Zeichnungen, Fotos oder gepresste Pflanzen ergänzen.

Freude an Blumensträußen

Manchmal bietet sich dir die Gelegenheit, beim Spaziergang einen kleinen Blumenstrauß zu pflücken. Seltene und geschützte Pflanzen kommen dafür jedoch nicht in Betracht. Wähle nur Arten, die massenhaft vorkommen oder dort wachsen, wo später ohnehin gemäht wird. Die Blumen werden grundsätzlich nicht abgerissen, sondern **sorgfältig abgeschnitten**, damit die Wurzeln nicht beschädigt werden. Es ist gut, die unteren Blätter gleich zu entfernen. Sie verdunsten sonst zu viel Wasser und dürften später sowieso nicht mit in die Vase.

Zu Hause breitest du die Blumen – **nach Arten sortiert** – auf einem Tisch aus. Mehrere Stängel fasst du zu einem Sträußchen zusammen. Die größte Blume nimmst du zuerst in die Hand. Sie soll der Mittelpunkt des ganzen Straußes werden. Rundherum werden nun etwas tiefer die anderen Stängel schräg angelegt. Den allmählich wachsenden Strauß musst du fest in der Hand halten.

Wenn der Strauß fertig ist, kannst du unmittelbar über deiner Hand mehrmals einen **Bastfaden** um die Stiele wickeln und verknoten. Zum Schluss werden die Stielenden zurechtgeschnitten, sodass sie gleich lang sind.

Gänseblümchen

Wichtig zu wissen!

Geeignete Arten für Sträuße, die mehrere Tage halten:

- Wilde Möhre
- Weiße Taubnessel
- Gänseblümchen
- Rainfarn
- Wald-Weidenröschen
- Veilchen

- Johanniskraut
- Schaf-Garbe
- Margerite
- Giersch
- Goldrute
- Frauenmantel

Giersch

Johanniskraut

Margerite

Rainfarn

Basteln mit Blüten und Blättern

Die Pflanzenwelt liefert dir Material zum Basteln in Hülle und Fülle. Man braucht nur Ideen und Fantasie, um daraus etwas zu machen. Hier folgen fünf Beispiele.

❶ Aus frischen Blumen lassen sich schöne Kränze oder Girlanden binden. Sehr gut eignen sich dazu Margerite, Kornblume, Frauenmantel, Rainfarn, Schaf-Garbe und Kamille. Mit Blumendraht werden einzelne Blütenstiele oder kleine Sträußchen auf Wickeldraht, eine dickere Schnur oder auf gebogene Weidenruten gebunden.

Kornblume

Kamille

❷ Für eine echte Überraschung sorgst du, wenn du gerade verblühte Löwenzahnkörbchen zu federleichten weißen Kugeln verwandelst. Aus den verblühten und noch geschlossenen Körbchen müssen bereits

die ersten Härchen schauen. Dann sammelst du sie mit 4 bis 5 cm langen Stielen, um sie kopfüber aufzuhängen: Binde mehrere mit etwas Abstand an einen dünnen Faden. In den nächsten Tagen werden sie am Fenster oder einem anderen Ort im Zimmer zum Blickfang, an dem man tagelang Freude hat.

❸ Sammle vom Breit-Wegerich reife Fruchtstände mit Stiel.
Binde mehrere davon zu Sträußchen zusammen und hänge
sie zum Trocknen auf. Bringst du sie im Winter am Fenster
oder am Futterhäuschen an, wirst du auf gefiederte
Interessenten nicht lange warten müssen.

Fruchtstand

❹ Kleine, sorgfältig gepresste Blüten
und Blätter eignen sich für besonders
schöne Basteleien: beispielsweise
Lesezeichen. Schneide aus
buntem Karton 14 x 4 cm
große Streifen. Dann klebe
die gepressten Blüten auf.
Damit das Lesezeichen länger
hält, überziehe beide Seiten mit
Klarsichtfolie. Bohre oben ein Loch hinein,
durch das du einen farbigen Faden ziehst.

**Breit-
Wegerich**

❺ Besonders vielseitig verwendbar sind die
Blütenstände der Wilden Möhre. Sie
werden vollständig aufgeblüht gesammelt und ohne Stängel gepresst.
Drei oder fünf so präparierte Blütenstände – mit einem Faden verbunden –
ergeben ein dekoratives Fenstergehänge.
Sehr schön sehen auch farbige Brief-
karten aus, auf die du einen gepressten
Blütenstand der Wilden Möhre klebst.
In der Weihnachtszeit kannst du ihn
sogar mit Mattgold übersprühen:
einseitig, wenn er eine Karte
zieren, beidseitig, wenn er als
Schmuckstern am Fenster oder als
Weihnachtsbaumschmuck dienen soll.

Ein Blick in die Wildkräuter-Küche

Wer sich draußen auskennt, kann manches nutzen, was die Natur von sich aus anbietet. Viele Menschen haben Wildkräuter für sich neu entdeckt. Auch du kannst ausprobieren, ob sie dir schmecken. Gesund sind sie allemal.

Die beste Sammelzeit ist von März bis August. Am besten schmecken die jungen, frischen Blätter und Triebe. Wichtig ist zudem das Sammeln am richtigen Ort: nicht am Rande stark befahrener Straßen oder mit Pflanzenschutzmitteln behandelter Felder.

Wichtig zu wissen!

Die aufgeführten Kräuter sind so ausgewählt, dass sie nicht mit giftigen Arten verwechselt werden können. Dennoch darfst du nicht alleine sammeln gehen, sondern musst dich immer von einem Erwachsenen, der sich auskennt, begleiten lassen. Seid ihr euch nicht ganz sicher, was ihr vor euch habt, dann lasst die Pflanzen stehen!
Iss auch niemals ungewaschene Kräuter oder Kräuter vom Straßenrand.

Gesammelt wird grundsätzlich nur dort, wo die betreffende Pflanzenart in Mengen wächst. Pflücke auch dort nie alle Pflanzen ab.

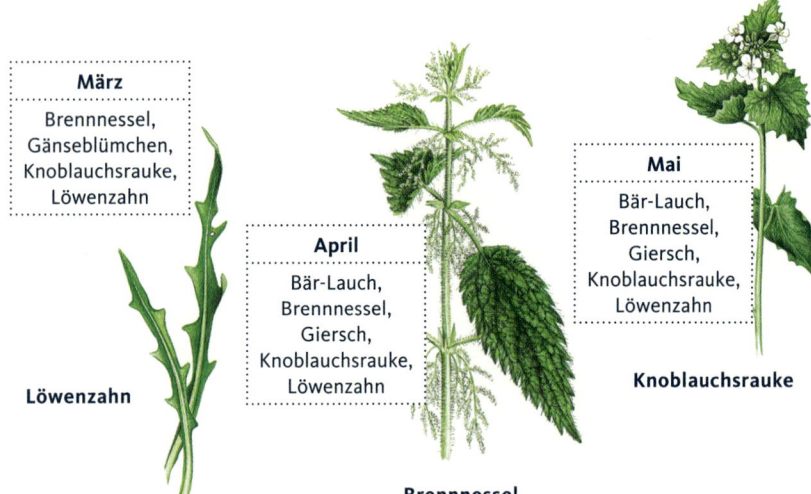

März
Brennnessel,
Gänseblümchen,
Knoblauchsrauke,
Löwenzahn

April
Bär-Lauch,
Brennnessel,
Giersch,
Knoblauchsrauke,
Löwenzahn

Mai
Bär-Lauch,
Brennnessel,
Giersch,
Knoblauchsrauke,
Löwenzahn

Löwenzahn

Knoblauchsrauke

Brennnessel

Juni
Brennnessel,
Giersch,
Kamille

Juli
Beifuß,
Brennnessel,
Kamille

August
Beifuß,
Brennnessel,
Sonnenblume

Giersch

Kamille

Beifuß

Probiere doch einmal einen gemischten **Salat**. Frische Blättchen von Löwenzahn, Schaf-Garbe, Giersch und Blüten der Gänseblümchen bieten sich dazu an.

Giersch ist als **Gemüse** geschätzt, vor allem wenn man ihn mit Brennnessel zusammen kocht. Schneidest du einen Brennnessel-Bestand von Zeit zu Zeit ab, bekommst du übrigens immer wieder frische Triebe.

Die Knospen des Beifußes sind ein wertvolles **Gewürz**, das fette Braten leichter verträglich macht. Die getrockneten Knospen werden in einem möglichst gut schließenden Gefäß dunkel aufbewahrt. Das frische Grün der Knoblauchsrauke gibt Salaten und Braten einen angenehmen Geschmack, weil es milder ist als der Knoblauch.

Aus den getrockneten Blütenständen der Kamille macht man in vielen Haushalten einen **heilsamen Tee**.

Die **Kerne** der Sonnenblumen schließlich kannst du kauen, in Brötchen oder Brot einbacken oder Vögeln im Winter als Futter anbieten.

Du siehst, Wildpflanzen können vielfältig genutzt werden – und kosten keinen Cent!

Schnelle Suche mit Stichwörtern

Macht Spaß. Macht Sinn.
Die Natur schützen mit dem
NABU. Mach mit!

www.NABU.de/aktiv

© NABU/E. Neuling

Rote Blütenfarbe →
↓

Roter Fingerhut
57

Herbstzeitlose
58

Pestwurz
59

Klette
60

Kratzdistel
61

Sauerampfer
62

Baldrian
63

Vogelknöterich
64

Wasserminze
65

Stinkender
Storchschnabel
66

Blaue Blütenfarbe →
↓

Wiesen-
Storchschnabel
67

Waldveilchen
68

Leberblümchen
69

Lerchensporn
70

Großer
Wiesenknopf
71

Wiesen-
Glockenblume
72